INHALTSVERZEICHNIS

A. KLIMATABELLEN

B. LANDKARTEN

Klimatabelle zu Kapitel 1. Mittelmeer (Westliches Mittelmeer)

Monat / Region	1			2			3			4			5			6			7			8			9			10			11			12		
	☼	🌧	≋	☼	🌧	≋	☼	🌧	≋	☼	🌧	≋	☼	🌧	≋	☼	🌧	≋	☼	🌧	≋	☼	🌧	≋	☼	🌧	≋	☼	🌧	≋	☼	🌧	≋	☼	🌧	≋
SPANIEN																																				
Balearen (Mallorca)	14	6	14	15	6	13	17	6	14	19	4	15	23	4	17	27	2	21	29	1	24	30	2	25	27	5	24	23	6	21	18	7	18	15	7	15
Kanaren (Teneriffa)	21	5	19	21	6	18	22	6	18	23	2	19	24	1	19	26	0	20	28	0	21	29	0	22	26	1	22	26	1	23	23	7	21	22	6	19
Barcelona	13	4	13	14	5	12	16	5	13	18	6	14	22	6	16	25	4	19	27	3	22	28	4	24	26	6	22	22	7	20	17	6	16	14	5	14
Malaga / Marbella	16	5	15	11	5	14	18	6	14	21	3	15	23	2	17	27	1	18	29	0	21	29	0	22	27	2	21	23	4	19	19	6	17	17	5	16
Madrid	8	7	*	11	7	*	14	8	*	23	3	*	22	6	*	27	4	*	31	2	*	31	1	*	25	4	*	19	6	*	12	8	*	9	7	*
FRANKREICH																																				
Paris	6	12	*	7	10	*	12	8	*	16	9	*	20	9	*	23	9	*	25	9	*	24	9	*	21	9	*	16	8	*	10	10	*	7	10	*
Bretagne (Brest)	9	22	10	9	16	10	12	15	10	13	15	10	15	14	12	18	13	14	19	14	15	20	15	16	18	16	15	15	19	14	12	20	13	9	22	11
Aquitanien (Bordeaux)	9	11	11	11	10	11	15	10	11	17	9	12	20	10	14	23	9	17	25	8	18	25	9	20	23	10	18	18	10	18	13	10	14	9	12	13
Cote d´Azur (Nizza)	13	7	13	13	6	12	15	6	13	17	7	14	20	6	16	24	3	20	27	2	22	27	3	23	25	6	21	21	8	19	17	8	16	13	7	14
ITALIEN																																				
Venedig	5	6	9	7	5	8	12	6	9	16	9	13	21	8	17	25	8	21	27	7	23	27	7	24	24	5	22	19	7	18	12	9	14	7	8	12
Florenz	8	9	*	10	7	*	14	8	*	19	8	*	23	9	*	28	6	*	31	3	*	30	4	*	26	6	*	19	9	*	13	11	*	9	9	*
Rom	11	8	14	13	9	13	16	8	13	19	8	14	23	7	17	28	4	21	31	2	23	31	2	24	27	5	23	21	8	20	19	10	18	12	10	15
Neapel	11	10	14	12	9	13	15	8	14	18	7	14	22	6	18	27	4	21	29	2	24	29	3	25	26	6	23	21	9	21	17	11	18	13	12	16
Sizilien	14	10	14	15	7	13	16	8	14	20	4	13	24	2	17	29	1	21	32	0	24	32	1	25	29	3	24	25	5	22	19	9	19	16	10	16

☼ = Tagestemperatur (in Grad Celsius) 🌧 = Regentage im Monat ≋ = Wassertemperatur (in Grad Celsius) * = Angaben nicht verfügbar bzw. nicht relevant

Die Zahlenangaben sind Durchschnittswerte aus den jeweiligen Zielgebieten. Sie sind nur als genereller Anhaltspunkt für die zu erwartenden Verhältnisse zu werten.

Quellen: Airtours-Kataloge der jeweiligen Zielgebiete, "Internationaler Reisewetterführer", Heinz Panzram, Otto Maier Verlag Ravensburg, 1982

Klimatabelle zu Kapitel 1. Mittelmeer (Östliches Mittelmeer)

Region / Monat	1			2			3			4			5			6			7			8			9			10			11			12		
	☼	☂	≋	☼	☂	≋	☼	☂	≋	☼	☂	≋	☼	☂	≋	☼	☂	≋	☼	☂	≋	☼	☂	≋	☼	☂	≋	☼	☂	≋	☼	☂	≋	☼	☂	≋
GRIECHENLAND																																				
Korfu	14	13	14	14	12	14	16	10	15	19	7	16	23	4	18	28	2	21	31	1	24	31	2	25	28	5	23	23	9	21	19	14	19	16	15	17
Kykladen	14	9	15	14	7	15	16	6	15	20	3	16	23	3	19	26	1	21	27	0	23	28	0	24	25	1	23	24	4	21	20	5	19	16	9	17
Rhodos	16	15	17	16	10	16	17	8	16	21	4	17	25	4	19	30	0	22	33	0	24	33	0	25	31	0	24	25	6	22	21	8	20	18	13	18
Kreta	16	11	16	16	7	16	17	6	16	20	3	17	23	2	19	27	1	22	29	0	24	29	0	25	27	0	24	24	1	23	21	4	20	18	7	18
Athen	13	8	14	14	6	14	15	5	14	20	4	15	25	4	18	30	2	21	33	1	24	33	1	24	29	2	23	24	4	21	18	6	19	15	10	16
TÜRKEI																																				
Istanbul	8	15	8	8	11	8	10	10	9	15	6	11	20	6	14	25	4	20	27	3	22	28	3	24	24	5	22	20	8	19	15	10	15	10	15	11
Izmir	11	13	15	13	9	13	15	7	14	20	6	15	26	3	18	30	2	21	32	0	23	32	0	23	29	1	22	24	4	20	18	6	17	13	12	15
Antalya	15	11	17	15	9	16	18	6	17	21	4	17	25	3	20	30	1	24	33	0	26	33	0	28	31	1	27	26	4	24	21	6	22	17	11	19
ISRAEL																																				
Tel Aviv	18	10	16	19	8	16	21	8	17	23	2	18	26	0	21	28	0	24	30	0	25	31	0	27	31	0	27	28	4	24	24	6	21	20	10	18
Jerusalem	13	9	*	13	11	*	18	3	*	27	3	*	29	0	*	30	0	*	30	0	*	30	0	*	29	0	*	27	1	*	21	4	*	15	7	*
Eilat	22	0	22	23	0	20	26	0	21	31	0	22	36	0	23	38	0	24	40	0	25	40	0	27	37	0	27	33	0	26	26	0	25	24	0	24
ÄGYPTEN																																				
Kairo	20	1	*	22	1	*	25	1	*	29	0	*	33	0	*	35	0	*	26	0	*	35	0	*	33	0	*	31	0	*	26	1	*	21	1	*
Hurghada	20	1	22	22	0	20	24	1	21	27	0	22	30	0	26	32	0	29	33	0	31	33	0	30	31	0	29	29	0	26	26	0	25	22	0	24

☼ = Tagestemperatur (in Grad Celsius) ☂ = Regentage im Monat ≋ = Wassertemperatur (in Grad Celsius) * = Angaben nicht verfügbar bzw. nicht relevant

Die Zahlenangaben sind Durchschnittswerte aus den jeweiligen Zielgebieten. Sie sind nur als genereller Anhaltspunkt für die zu erwartenden Verhältnisse zu werten.

Quellen: Airtours-Kataloge der jeweiligen Zielgebiete, "Internationaler Reisewetterführer", Heinz Panzram,Otto Maier Verlag Ravensburg, 1982

Klimatabelle zu den Kapiteln 2. Deutschland / 3. Schweiz, Österreich und Skandinavien

Region / Monat	1			2			3			4			5			6			7			8			9			10			11			12		
	☼	☂	≋	☼	☂	≋	☼	☂	≋	☼	☂	≋	☼	☂	≋	☼	☂	≋	☼	☂	≋	☼	☂	≋	☼	☂	≋	☼	☂	≋	☼	☂	≋	☼	☂	≋
DEUTSCHLAND																																				
Hamburg	2	12	*	3	10	*	7	10	*	12	11	*	18	9	*	21	10	*	22	12	*	22	13	*	19	10	*	13	11	*	7	11	*	4	12	*
Sylt	3	12	4	2	9	3	5	8	4	10	8	6	15	7	10	18	7	13	20	10	17	20	12	17	17	12	15	12	13	13	8	13	9	5	13	6
Rügen	2	9	3	2	8	2	4	7	3	8	8	5	13	7	8	17	7	13	19	9	16	19	9	16	17	9	15	12	9	12	7	10	8	4	11	5
Berlin	2	11	*	3	9	*	8	8	*	13	9	*	19	9	*	22	9	*	24	11	*	23	9	*	19	8	*	13	9	*	7	10	*	3	9	*
Braunlage (Harz)	0	15	*	1	13	*	5	11	*	9	13	*	14	11	*	18	11	*	19	13	*	19	12	*	16	12	*	10	13	*	4	14	*	1	14	*
Freudenstadt (Schwarzwald)	2	15	*	3	13	*	8	12	*	12	13	*	17	12	*	20	14	*	22	14	*	21	12	*	18	12	*	12	11	*	6	12	*	2	12	*
München	1	11	*	3	9	*	8	10	*	13	10	*	18	12	*	21	14	*	23	13	*	22	12	*	19	10	*	13	10	*	6	9	*	2	11	*
Garmisch-Partenkirchen	2	11	*	4	11	*	9	11	*	13	12	*	17	14	*	21	17	*	22	16	*	22	16	*	19	12	*	14	10	*	8	10	*	3	10	*
SCHWEIZ / ÖSTERREICH																																				
Zürich	2	12	*	5	10	*	10	9	*	15	11	*	20	13	*	23	13	*	25	13	*	24	13	*	21	11	*	14	10	*	7	10	*	3	10	*
Jungfraujoch	-14	11	*	-14	10	*	-12	11	*	-8	13	*	-5	14	*	-2	15	*	0	15	*	0	14	*	-2	12	*	-5	11	*	-10	11	*	-13	11	*
Lugano	6	6	*	9	6	*	13	7	*	17	10	*	21	13	*	25	12	*	28	10	*	27	10	*	23	9	*	16	9	*	10	8	*	7	7	*
St. Moritz	-3	7	*	-1	7	*	4	7	*	9	7	*	14	10	*	18	11	*	21	11	*	20	11	*	16	9	*	10	9	*	3	8	*	-3	8	*
Wien	1	8	*	3	7	*	8	8	*	14	8	*	19	9	*	22	9	*	25	9	*	24	9	*	20	7	*	14	8	*	7	8	*	3	8	*
Salzburg	2	12	*	4	11	*	9	10	*	14	13	*	19	14	*	22	15	*	24	15	*	23	14	*	20	12	*	14	10	*	8	10	*	3	11	*
Innsbruck	1	9	*	4	8	*	11	7	*	16	9	*	20	11	*	24	14	*	25	14	*	24	13	*	21	10	*	15	8	*	7	8	*	2	8	*
Klagenfurt	-1	6	*	3	6	*	9	6	*	15	9	*	20	11	*	23	12	*	25	11	*	24	10	*	21	8	*	13	9	*	6	7	*	0	7	*
DÄNEMARK																																				
Kopenhagen	2	11	3	2	9	2	5	7	3	10	9	5	16	7	9	20	9	14	22	10	16	21	10	16	18	10	14	12	10	12	7	10	8	4	11	5

☼ = Tagestemperatur (in Grad Celsius) ☂ = Regentage im Monat ≋ = Wassertemperatur (in Grad Celsius) * = Angaben nicht verfügbar bzw. nicht relevant

Die Zahlenangaben sind Durchschnittswerte aus den jeweiligen Zielgebieten. Sie sind nur als genereller Anhaltspunkt für die zu erwartenden Verhältnisse zu werten.

Quellen: "Internationaler Reisewetterführer", Heinz Panzram, Otto Maier Verlag Ravensburg, 1982, Marco Polo Reiseführer einzelner Zielgebiete

Klimatabelle zu Kapitel 4. Amerika

Region / Monat	1			2			3			4			5			6			7			8			9			10			11			12		
	☼	☂	≈	☼	☂	≈	☼	☂	≈	☼	☂	≈	☼	☂	≈	☼	☂	≈	☼	☂	≈	☼	☂	≈	☼	☂	≈	☼	☂	≈	☼	☂	≈	☼	☂	≈
USA																																				
New York	4	8	*	5	7	*	9	9	*	14	9	*	21	8	*	25	7	*	28	7	*	27	7	*	24	6	*	18	5	*	12	8	*	6	8	*
Miami	23	6	22	24	5	23	25	4	24	26	5	25	28	8	28	30	13	30	31	13	31	31	14	32	30	15	30	28	13	28	26	6	25	24	3	23
Las Vegas	13	2	*	17	2	*	21	2	*	26	1	*	31	1	*	37	1	*	41	2	*	40	2	*	36	1	*	28	1	*	19	2	*	14	1	*
Los Angeles	18	4	14	19	3	14	20	4	15	22	3	15	23	1	16	25	0	18	28	0	19	29	0	20	28	0	19	25	1	18	23	3	17	19	4	15
San Francisco	13	8	11	15	7	11	16	8	12	17	6	12	17	2	13	18	1	14	18	0	15	18	0	15	20	0	16	20	2	15	18	7	13	14	8	11
MEXIKO																																				
Acapulco	30	1	26	32	1	25	32	1	25	32	0	26	32	3	26	32	13	27	32	14	28	32	13	28	31	16	28	31	9	27	31	1	29	31	1	27
Mexiko City	29	1	*	31	1	*	31	3	*	31	5	*	26	9	*	24	14	*	23	19	*	23	18	*	23	17	*	21	8	*	31	3	*	31	2	*
Cancun	27	7	25	28	4	25	29	4	26	31	4	26	31	8	27	31	11	27	32	10	28	32	12	29	31	14	29	30	14	28	28	9	27	27	9	26
KARIBIK																																				
Kuba	26	6	25	27	4	24	28	4	24	29	4	26	30	4	26	31	10	27	31	9	28	32	10	28	31	11	28	29	11	28	27	7	27	26	6	27
Jamaika	32	11	26	29	9	26	30	6	26	30	7	27	31	7	27	31	7	28	32	5	29	32	6	29	32	9	28	31	11	28	31	13	27	30	11	27
Dominikanische Republik	28	7	27	28	6	26	29	5	26	29	7	27	30	11	27	30	12	27	31	11	28	31	11	28	31	11	28	31	11	28	30	10	27	29	9	27
Puerto Rico	27	10	26	27	9	26	27	6	26	28	7	27	29	15	27	29	14	28	29	18	28	29	15	28	30	14	29	30	12	29	28	12	28	27	10	27
Franz. Antillen (Martinique)	27	15	26	27	10	26	27	9	26	28	11	27	30	21	27	31	21	27	31	25	28	31	23	28	31	22	28	30	22	28	28	17	28	27	17	27
BRASILIEN																																				
Rio de Janeiro	30	13	25	30	11	25	29	9	26	27	9	25	26	6	24	25	5	23	25	5	22	25	4	22	25	5	22	26	11	22	26	10	23	28	12	25
Salvador de Bahia	29	6	27	29	9	27	29	17	27	28	19	27	27	22	27	26	23	26	26	18	24	26	15	24	24	10	24	28	8	25	28	9	26	29	11	26

☼ = Tagestemperatur (in Grad Celsius) ☂ = Regentage im Monat ≈ = Wassertemperatur (in Grad Celsius) * = Angaben nicht verfügbar bzw. nicht relevant

Die Zahlenangaben sind Durchschnittswerte aus den jeweiligen Zielgebieten. Sie sind nur als genereller Anhaltspunkt für die zu erwartenden Verhältnisse zu werten.

Quelle: Airtours-Katalog Amerika / Karibik

Klimatabelle zu den Kapiteln 5. Afrika / 6. Asien / 7. Australien

Monat / Region	1			2			3			4			5			6			7			8			9			10			11			12		
	☼	☂	≈	☼	☂	≈	☼	☂	≈	☼	☂	≈	☼	☂	≈	☼	☂	≈	☼	☂	≈	☼	☂	≈	☼	☂	≈	☼	☂	≈	☼	☂	≈	☼	☂	≈
OSTAFRIKA																																				
Mombasa	32	3	27	32	2	28	33	5	28	31	13	28	29	14	28	29	9	27	28	11	25	28	10	25	29	9	27	30	12	27	31	7	27	32	6	27
Serengeti Nationalpark	25	3	*	26	3	*	25	9	*	24	13	*	21	16	*	21	5	*	22	3	*	24	4	*	24	3	*	23	7	*	25	6	*	25	6	*
SÜDAFRIKA																																				
Durban	28	10	24	28	9	24	28	9	24	26	7	23	24	5	22	23	3	21	23	3	21	23	5	20	23	6	21	24	9	21	25	11	22	27	11	23
Johannesburg	26	13	*	25	9	*	24	8	*	22	7	*	19	3	*	17	1	*	17	0	*	20	1	*	23	2	*	25	8	*	25	11	*	26	12	*
Kapstadt	26	4	18	26	3	19	25	4	19	22	8	18	20	9	17	18	10	16	17	11	15	18	11	14	19	7	15	21	7	16	23	3	17	25	4	18
ASIEN																																				
Malediven	28	15	27	29	10	28	29	11	28	30	10	28	31	19	29	35	18	29	36	18	28	34	18	27	32	16	27	31	14	26	29	12	27	28	15	27
Nordthailand	29	1	*	32	1	*	35	1	*	26	5	*	34	12	*	32	13	*	31	14	*	31	18	*	31	14	*	31	9	*	30	4	*	29	2	*
Bangkok	32	1	*	33	2	*	34	3	*	35	4	*	34	13	*	33	14	*	32	15	*	32	15	*	32	17	*	31	13	*	31	4	*	31	1	*
Phuket	31	4	27	32	3	28	33	5	28	33	9	29	32	17	29	31	15	29	31	15	28	31	15	28	30	17	28	30	18	28	30	12	28	31	7	27
Singapur	31	13	27	31	10	27	31	11	28	31	11	28	31	11	28	31	10	29	31	10	28	31	11	28	30	9	28	31	13	28	31	16	28	30	18	27
Bali (Indonesien)	31	16	28	31	13	28	31	10	28	31	6	29	31	9	28	31	7	28	31	5	28	31	4	28	31	5	27	31	8	28	31	8	28	31	13	29
AUSTRALIEN																																				
Sydney	26	7	23	26	8	24	24	8	23	22	7	20	19	5	18	16	9	18	16	5	16	17	7	17	19	7	18	22	9	19	23	8	19	25	8	21

☼ = Tagestemperatur (in Grad Celsius) ☂ = Regentage im Monat ≈ = Wassertemperatur (in Grad Celsius) * = Angaben nicht verfügbar bzw. nicht relevant

Die Zahlenangaben sind Durchschnittswerte aus den jeweiligen Zielgebieten. Sie sind nur als genereller Anhaltspunkt für die zu erwartenden Verhältnisse zu werten.

Quelle: Airtours-Katalog Fernreisen / TUI-Katalog Afrika

I. KONTINENTE UND OZEANE

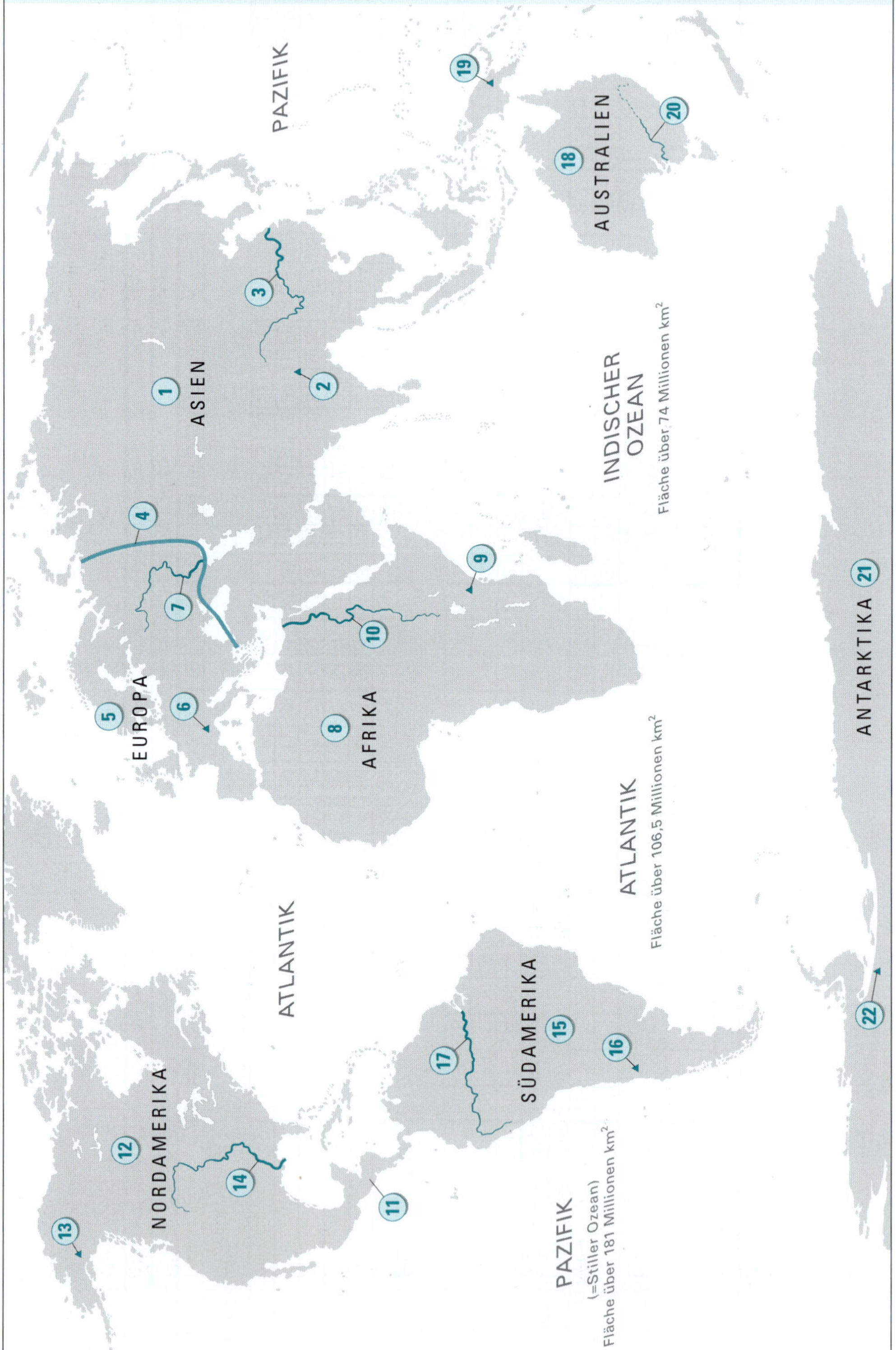

I. KONTINENTE UND OZEANE

1 **ASIEN**, Fläche knapp **44,5 Millionen qkm**, größter und bevölkerungsreichster Kontinent.

2 **Mount Everest**, höchster Berg der Welt (8.846 Meter) im Himalaja-Gebirge.

3 **Jangtsekiang**, China, längster Fluss Asiens (5.980 Kilometer).

4 Zwischen Asien und Europa („Eurasien") existiert keine natürliche Grenze. Als **Grenze** wurde eine imaginäre Linie festgelegt, die die Russische Föderation – den größten Staat Asiens, Europas und der Welt – und die Türkei jeweils in einen kleineren europäischen und einen größeren asiatischen Teil untergliedert.

5 **EUROPA**, Fläche gut **10,2 Millionen qkm**.

6 **Montblanc**, höchster Berg Europas (4.8[illegible]0 Meter) in den Alpen.

7 **Wolga**, Russische Föderation, längster Fluss Europas (3.690 Kilometer).

8 **AFRIKA**, Fläche knapp **30,3 Millionen qkm**.

9 **Kilimandscharo**, höchster Berg Afrikas (5.895 Meter) in Tansania.

10 **Nil**, längster Fluss der Welt (6.690 Kilometer), der durch mehrere Staaten fließt.

Quellen: JRO Weltatlas (1989). JRO Kartographische Gesellschaft. München. Schneider, Christoph (1997): Faktenlexikon Erde. Heyne Verlag, München.

11 Der **Doppelkontinent** Amerika ist durch die Landbrücke Mittelamerika verbunden.

12 **NORDAMERIKA**, Fläche knapp **24,5 Millionen qkm**.

13 **Mount McKinley**, höchster Berg Nordamerikas (6.194 Meter) in Alaska.

14 **Mississippi-Missouri**, USA, längster Fluss Nordamerikas (6.020 Kilometer).

15 **SÜDAMERIKA**, Fläche gut **17,8 Millionen qkm**.

16 **Aconcagua**, höchster Berg Südamerika (6.959 Meter) in den Anden.

17 **Amazonas**, längster Fluss Südamerikas (6.570 Kilometer), der durch mehrere Staaten fließt.

18 **AUSTRALIEN**, Fläche knapp **9 Millionen qkm** einschließlich Neuseeland und Ozeanien (Inseln im Südpazifik; diese Region wird auch Südsee genannt).

19 **Mt. Wilhelm**, höchster Berg Australiens/Ozeaniens (4.508 Meter) auf Papua-Neuguinea.

20 **Darling**, Australien, längster Fluss Australiens/ Ozeaniens (2.740 Kilometer).

21 **ANTARKTIKA**, Fläche **13,5 Millionen qkm**. Das Land um den Südpol umfasst im Winter etwa doppelt so viel Fläche. Das zu 98% von Eis bedeckte Antarktika bildet mit dem umliegenden Polarmeer die Antarktis. Außer Forschungsstationen gibt es hier keine Besiedlung.

22 **Mount Vinson**, höchster Berg Antarktikas (5.140 Meter).

I.1 DAS GRADNETZ DER ERDE

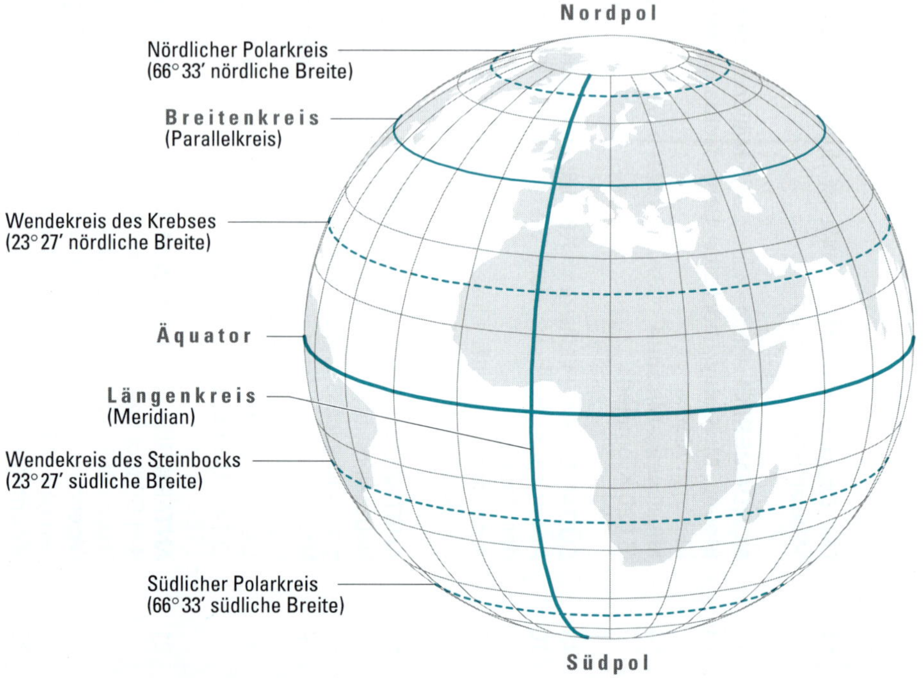

I.1 DIE ENTSTEHUNG DER JAHRESZEITEN

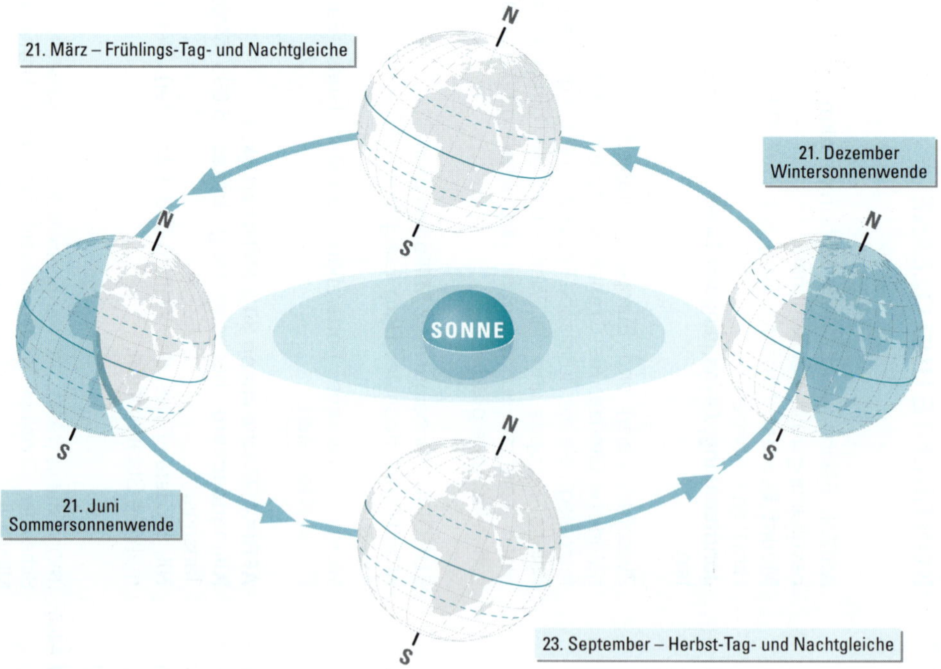

I.3.1 KLIMAZONEN

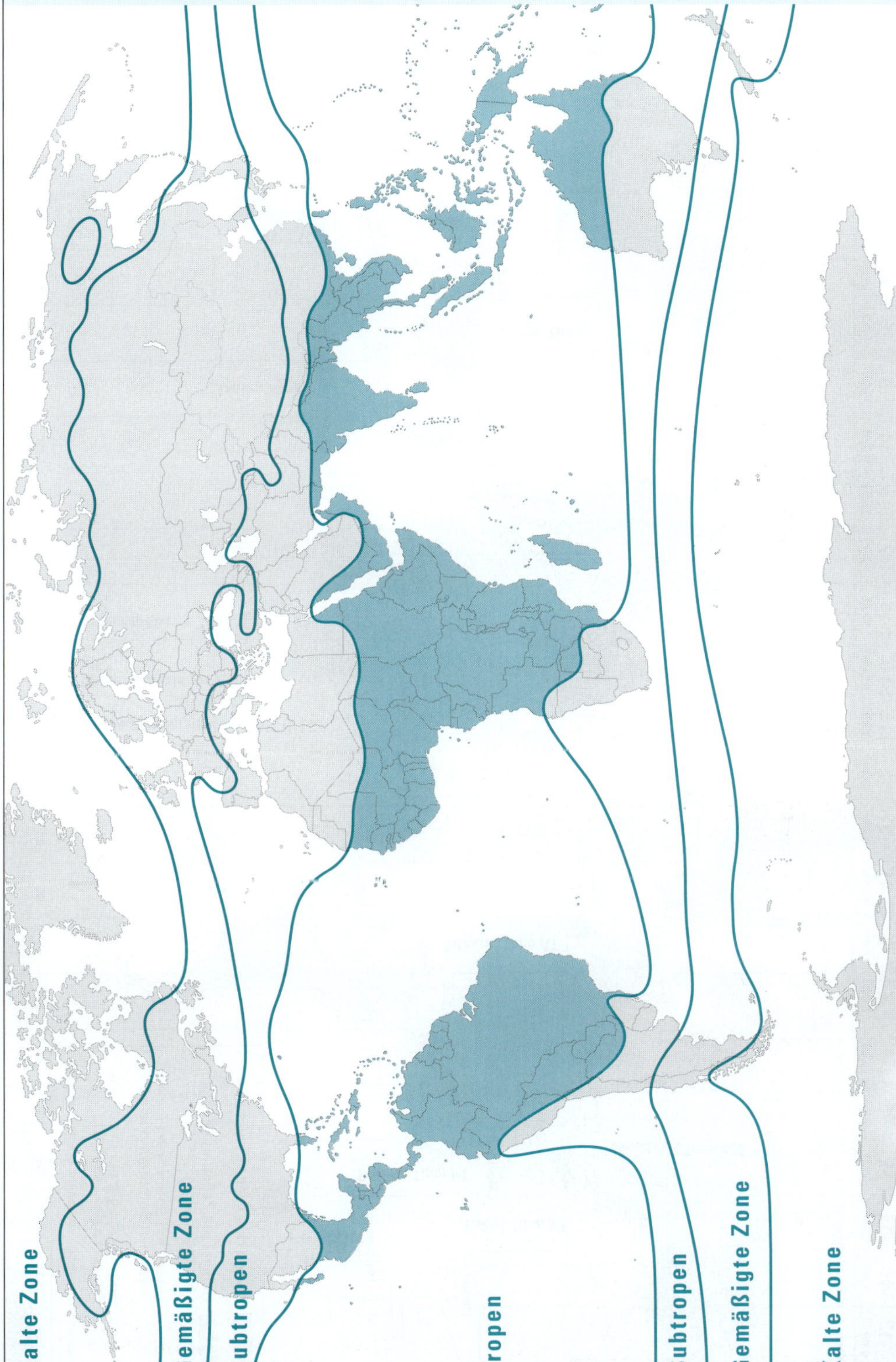

I.4 ZEITZONENKARTE

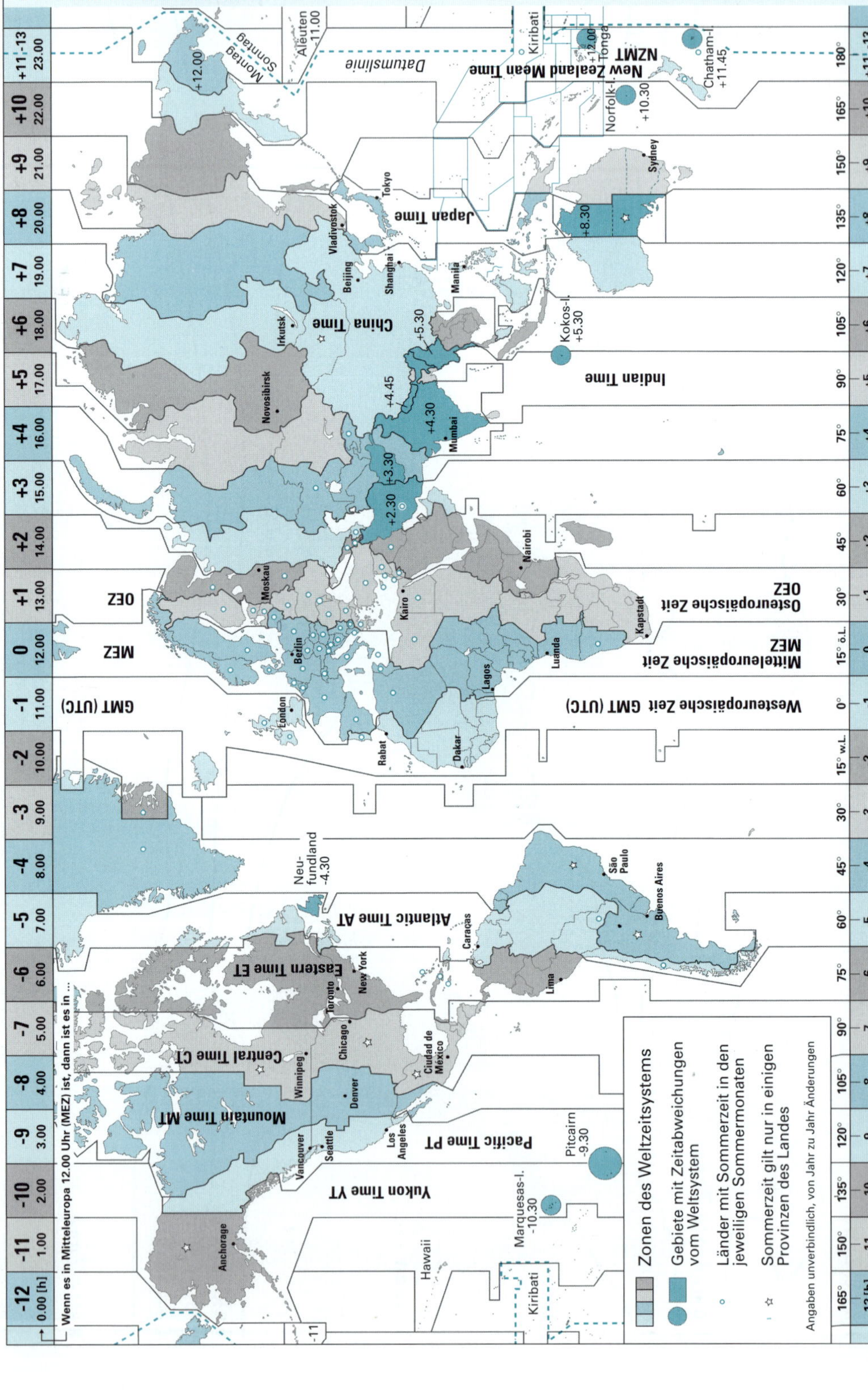

III.1.1 MITTELMEERRAUM

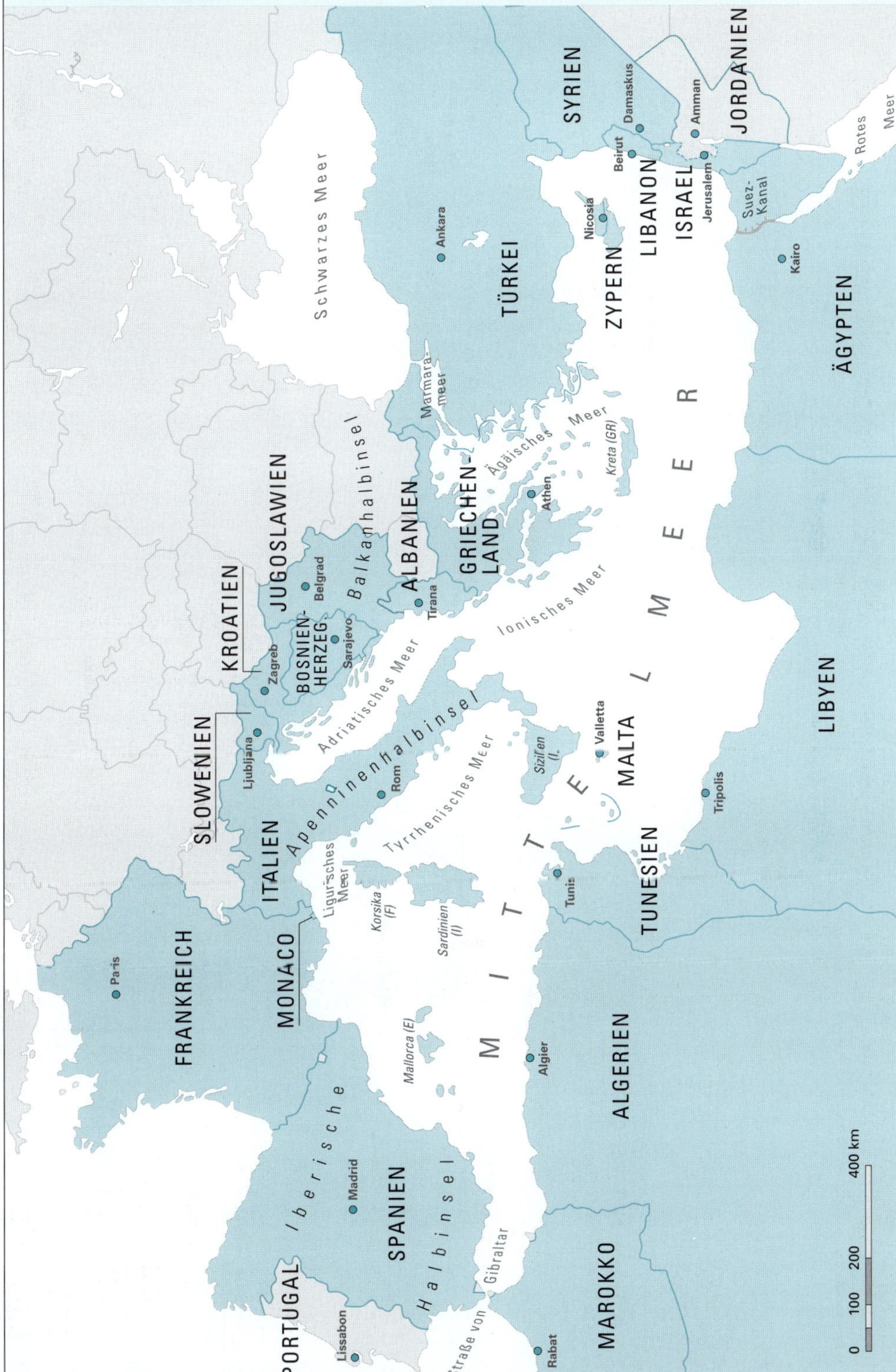

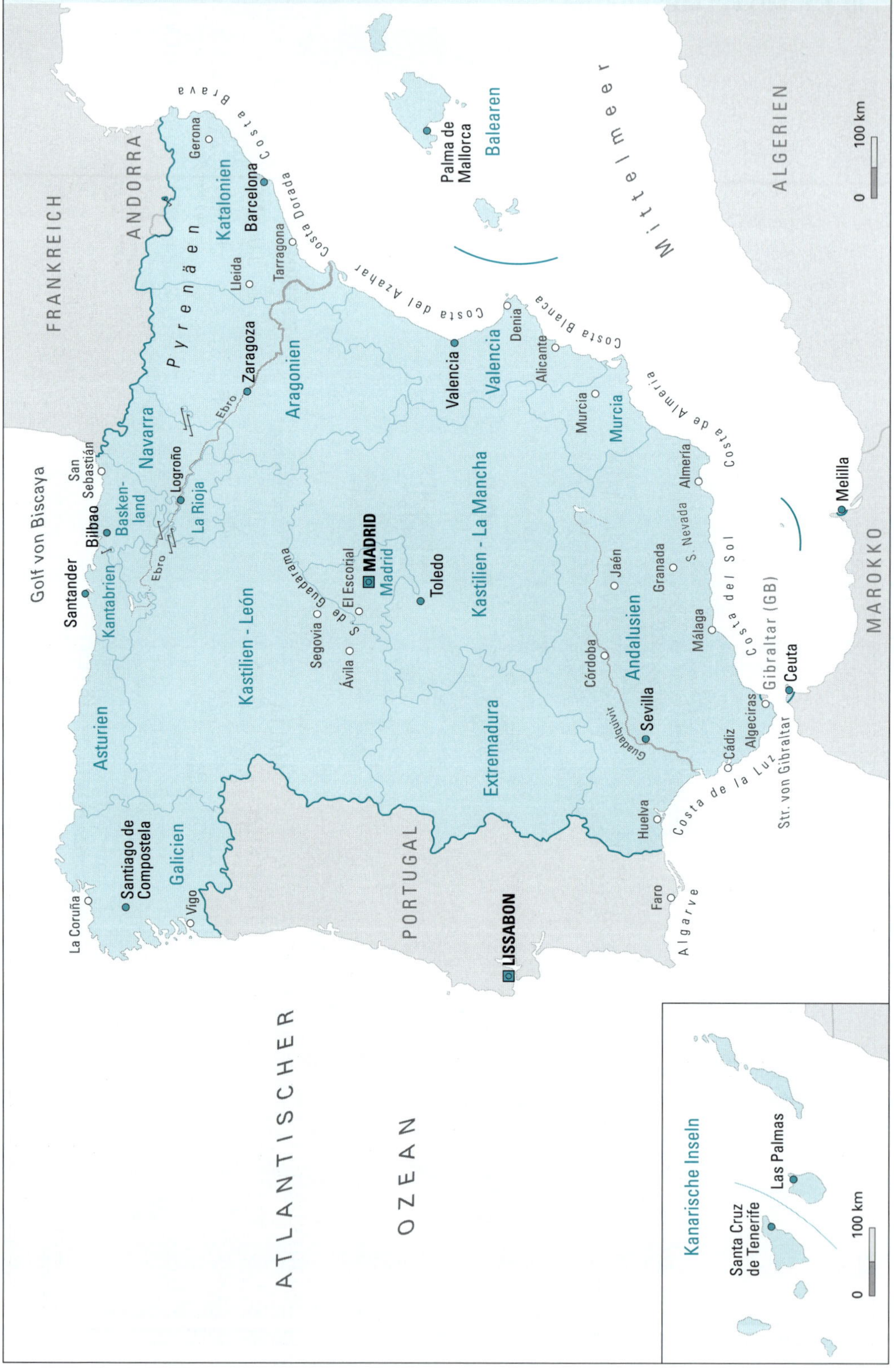
FRANKREICH
ANDORRA
Golf von Biscaya
Santander
Bilbao
San Sebastián
Kantabrien
Baskenland
Navarra
La Rioja
Logroño
Ebro
Pyrenäen
Gerona
Costa Brava
Katalonien
Barcelona
Lleida
Tarragona
Costa Dorada
Zaragoza
Aragonien
Costa del Azahar
Valencia
Denia
Costa Blanca
Alicante
Murcia
Costa de Almería
Almería
Palma de Mallorca
Balearen
Mittelmeer
ALGERIEN
100 km
Asturien
Galicien
La Coruña
Santiago de Compostela
Vigo
Kastilien - León
Segovia
Ávila
El Escorial
S. de Guadarrama
MADRID
Madrid
Toledo
Kastilien - La Mancha
Extremadura
Andalusien
Córdoba
Jaén
Granada
S. Nevada
Málaga
Costa del Sol
Sevilla
Guadalquivir
Cádiz
Algeciras
Gibraltar (GB)
Ceuta
Melilla
MAROKKO
Huelva
Costa de la Luz
Str. von Gibraltar
PORTUGAL
LISSABON
Faro
Algarve
ATLANTISCHER OZEAN
Kanarische Inseln
Santa Cruz de Tenerife
Las Palmas
0
100 km

III.1.2.1 BALEAREN

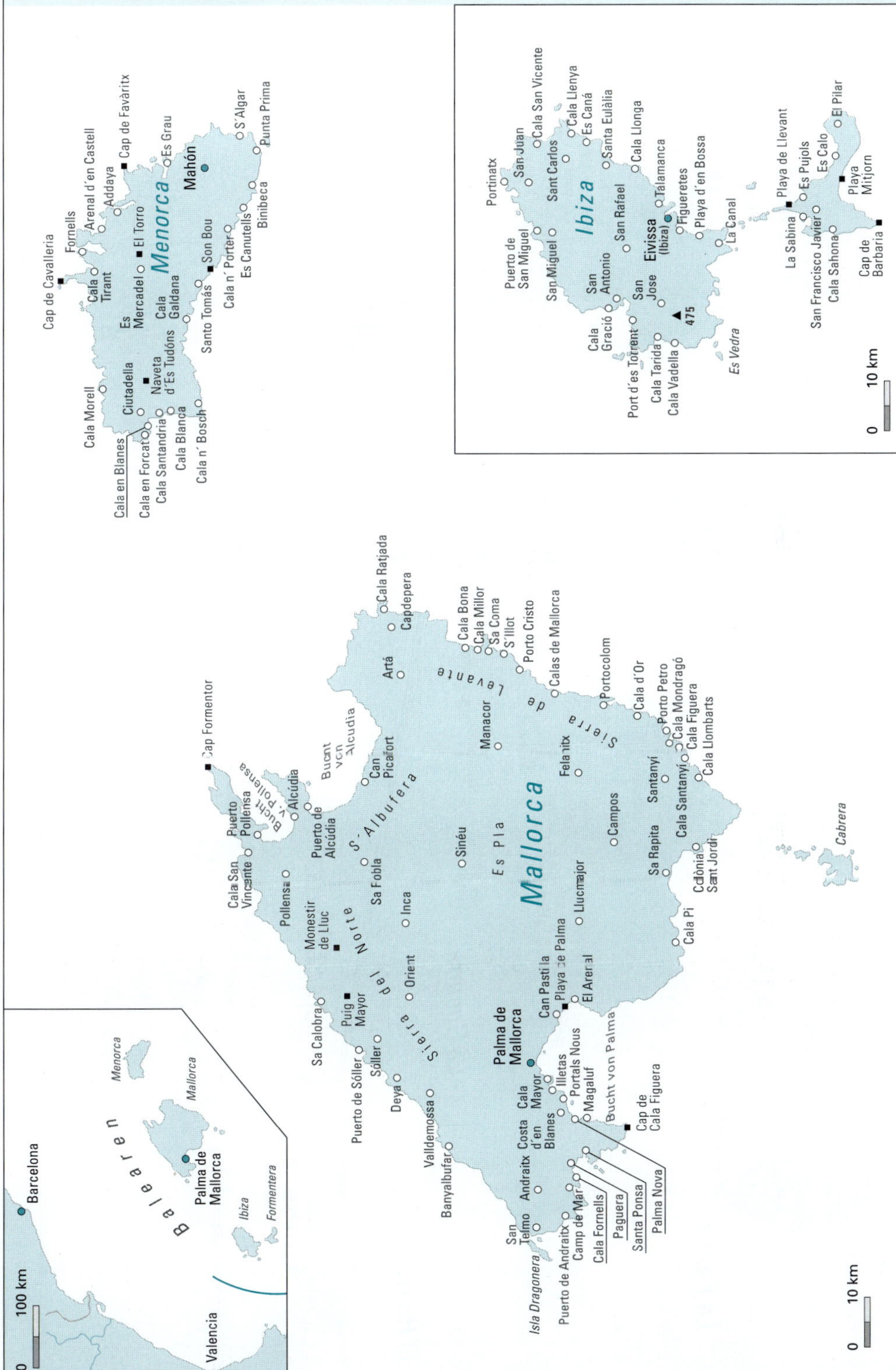

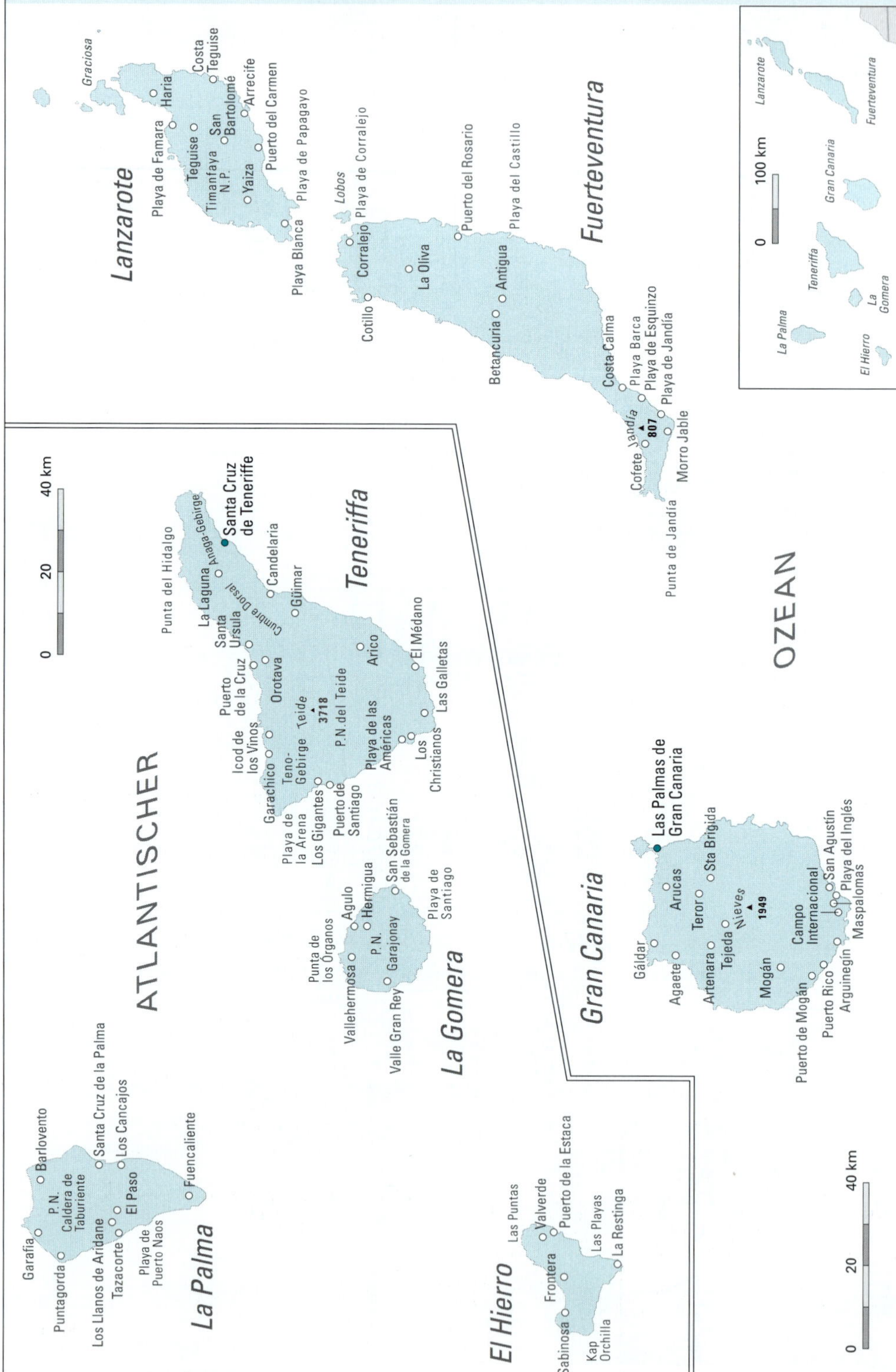
ATLANTISCHER
OZEAN
Lanzarote
Graciosa
Haría
Costa Teguise
Playa de Famara
Teguise
San Bartolomé
Arrecife
Timanfaya N.P.
Yaiza
Puerto del Carmen
Playa de Papagayo
Playa Blanca
Lobos
Playa de Corralejo
Corralejo
Cotillo
La Oliva
Puerto del Rosario
Playa del Castillo
Fuerteventura
Antigua
Betancuria
Costa Calma
Playa Barca
Playa de Esquinzo
Playa de Jandía
Jandía
807
Cofete
Morro Jable
Punta de Jandía
Teneriffa
Punta del Hidalgo
Anaga-Gebirge
Santa Cruz de Teneriffe
La Laguna
Candelaria
Cumbre Dorsal
Güímar
Santa Úrsula
Puerto de la Cruz
Orotava
Icod de los Vinos
Teide
3718
P.N. del Teide
Arico
El Médano
Las Galletas
Teno-Gebirge
Garachico
Playa de las Américas
Los Christianos
Playa de la Arena
Los Gigantes
Puerto de Santiago
La Gomera
Agulo
Hermigua
San Sebastián de la Gomera
Playa de Santiago
Punta de los Órganos
Vallehermosa
P.N. Garajonay
Valle Gran Rey
Gran Canaria
Las Palmas de Gran Canaria
Arucas
Sta Brígida
Gáldar
Teror
Nieves
1949
Agaete
Artenara
Tejeda
Campo Internacional
San Agustín
Playa del Inglés
Maspalomas
Mogán
Puerto de Mogán
Puerto Rico
Arguinegín
La Palma
Barlovento
Santa Cruz de la Palma
Los Cancajos
P.N. Caldera de Taburiente
El Paso
Garafía
Puntagorda
Los Llanos de Aridane
Tazacorte
Playa de Puerto Naos
Fuencaliente
El Hierro
Las Puntas
Valverde
Puerto de la Estaca
Frontera
Las Playas
La Restinga
Sabinosa
Kap Orchilla
0
20
40 km
0
100 km

III.1.2.3 KATALONIEN

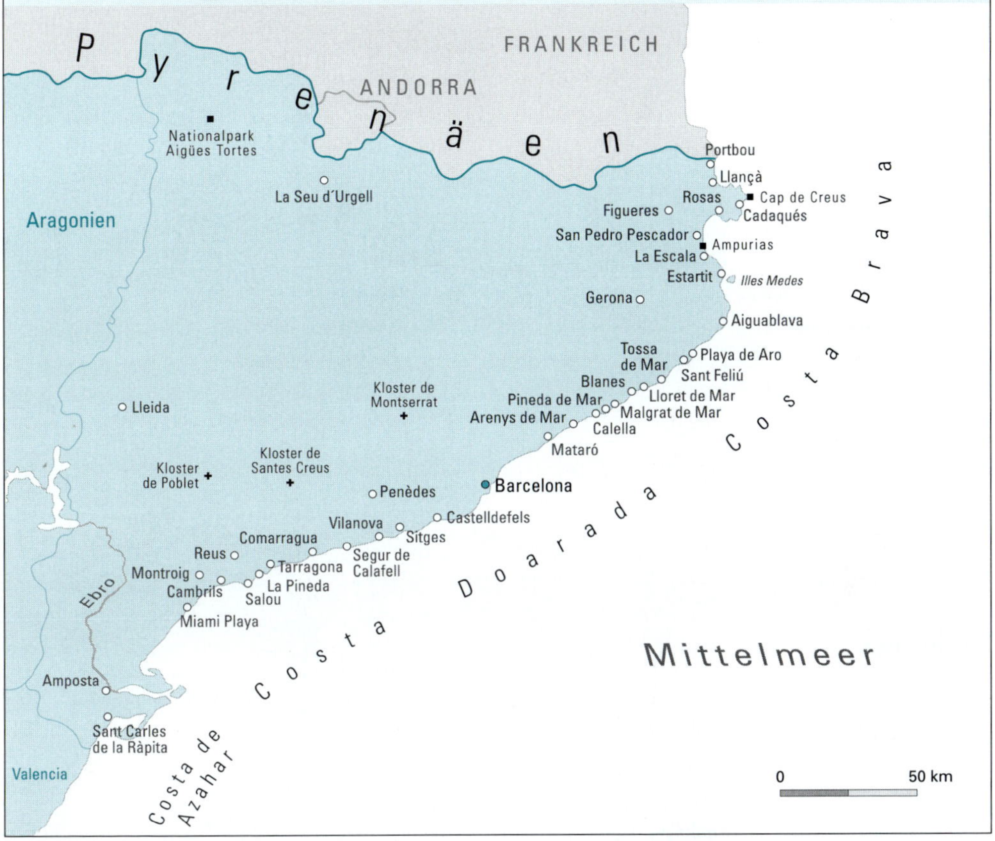

III.1.2.4 ANDALUSIEN

III.1.3 FRANKREICH

III.1.3.2 BRETAGNE

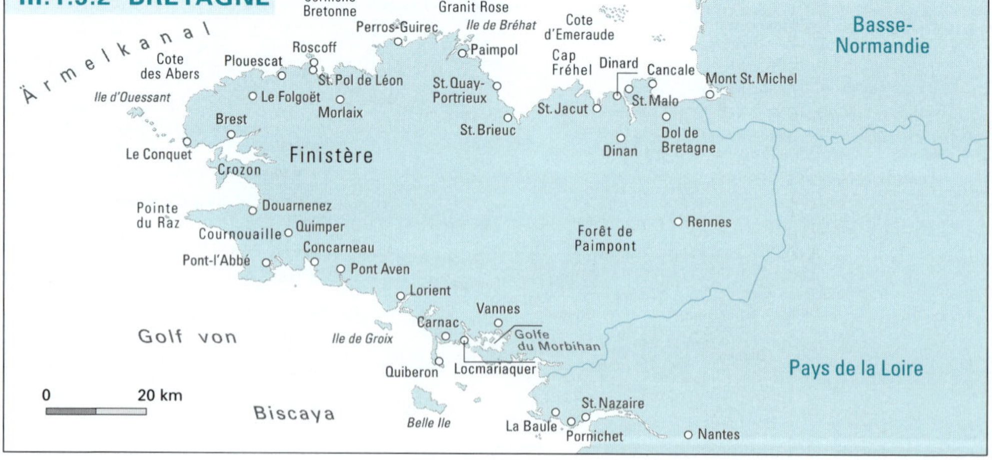

III.1.3.3 +1.3.4 SÜDFRANKREICH

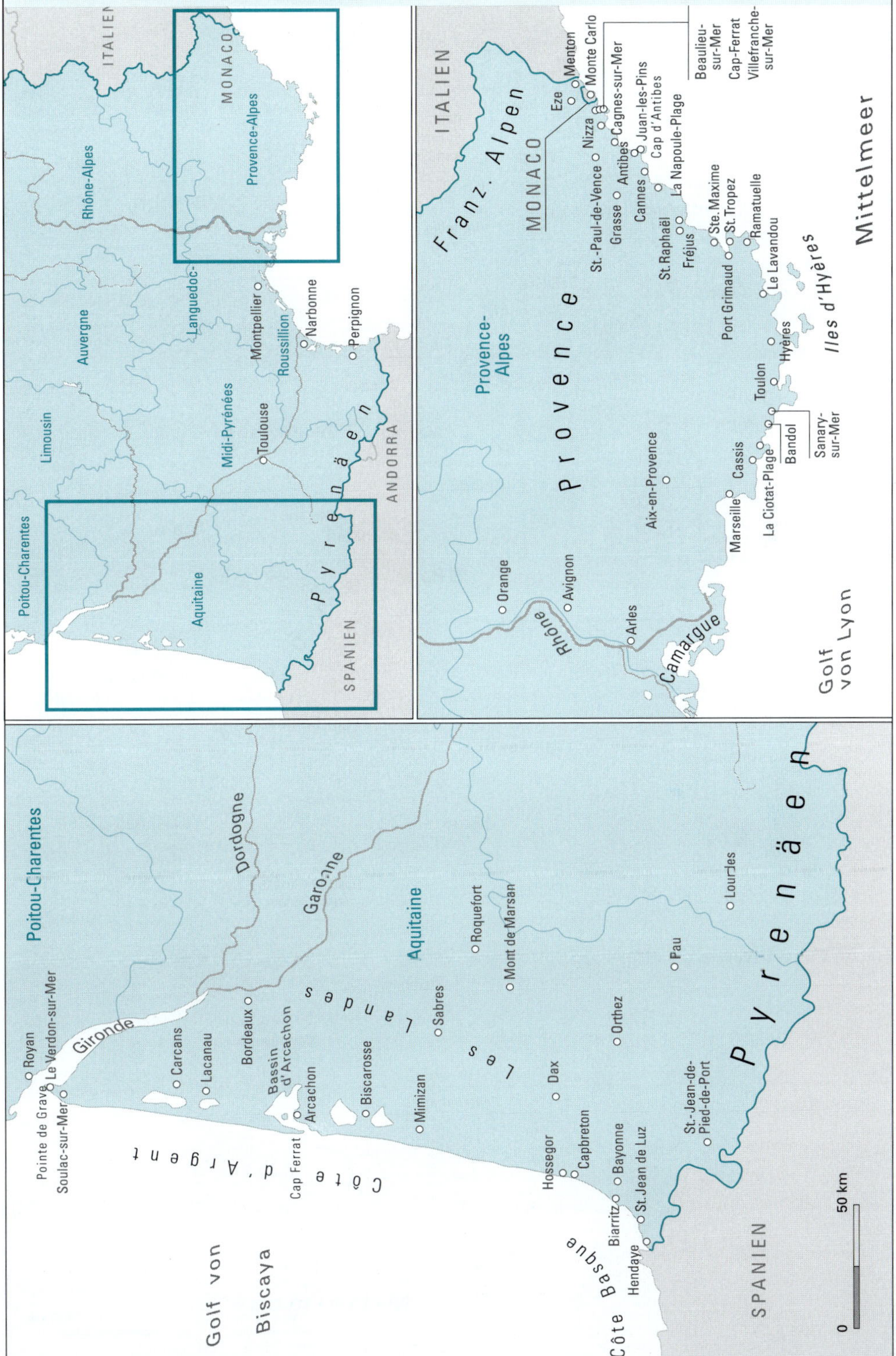

III.1.4 ITALIEN

III.1.4.1 – 1.4.4 NORDITALIEN

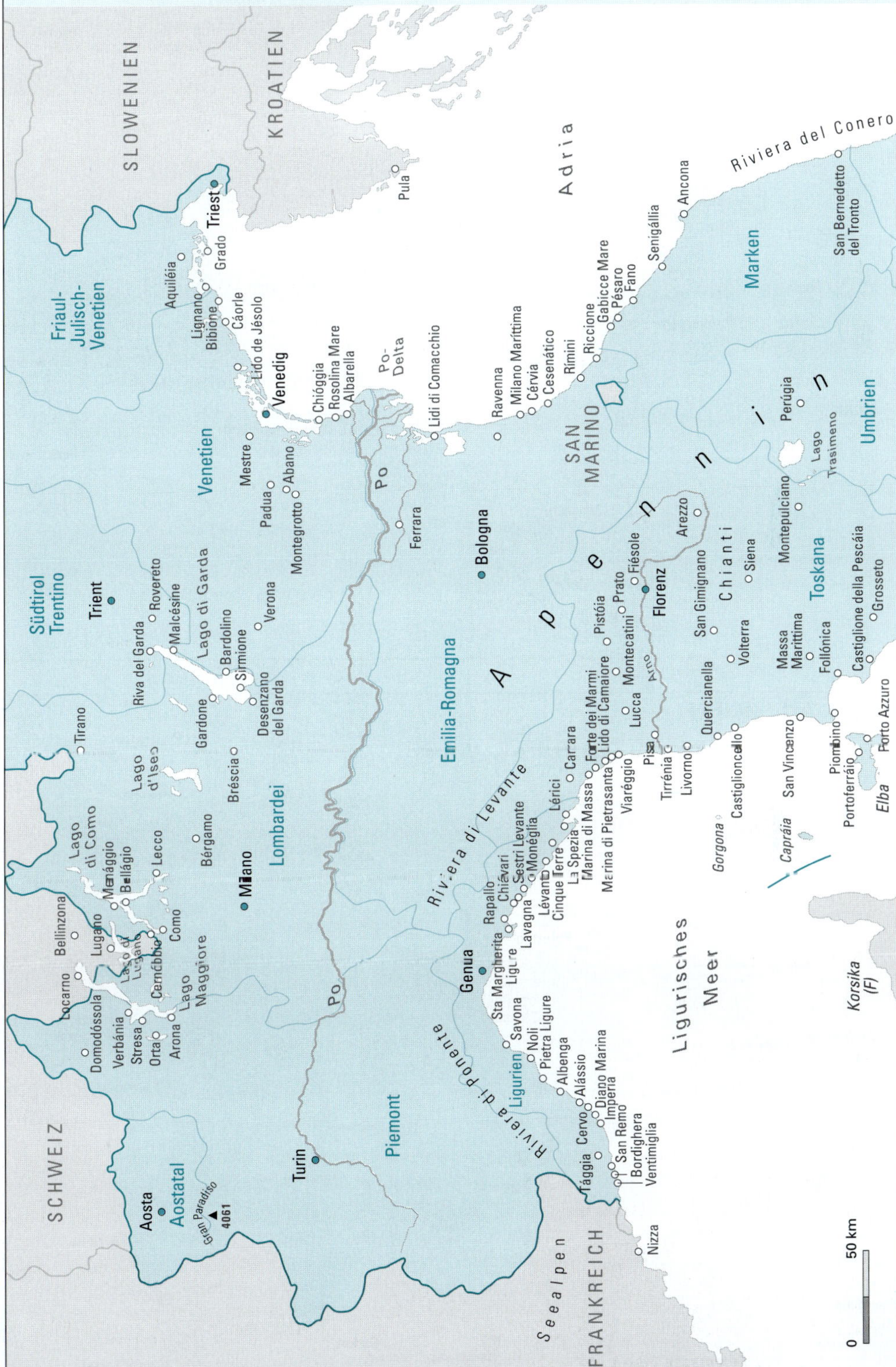

III.1.4.6 GOLF VON NEAPEL

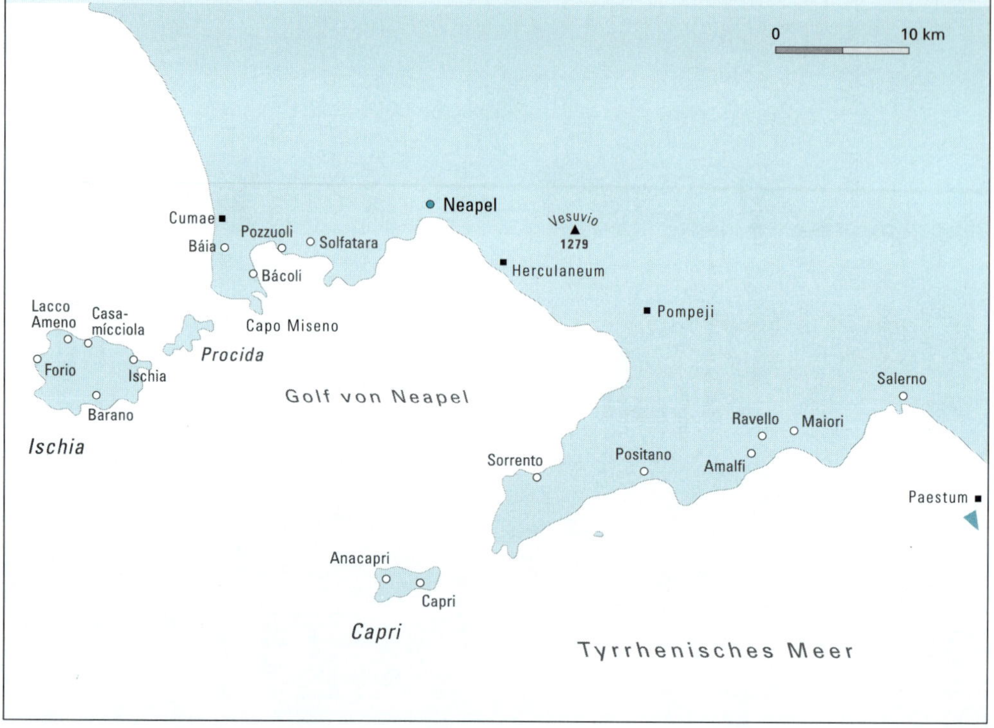

III.1.4.7 SIZILIEN

III.1.5 GRIECHENLAND

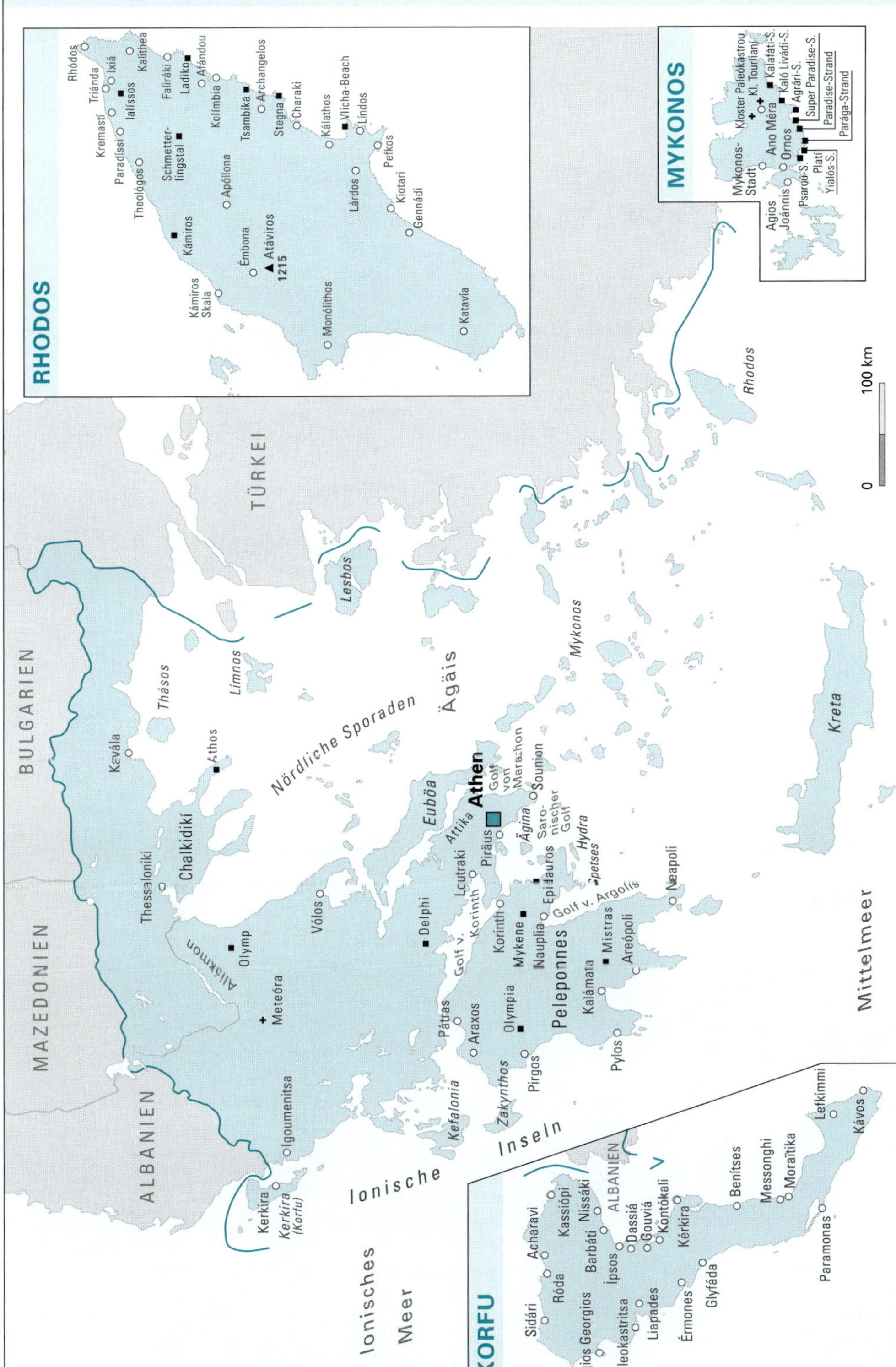

III.1.5.2 + 1.5.3 ÄGÄIS

III.1.5.4 KRETA

III.1.6 TÜRKEI

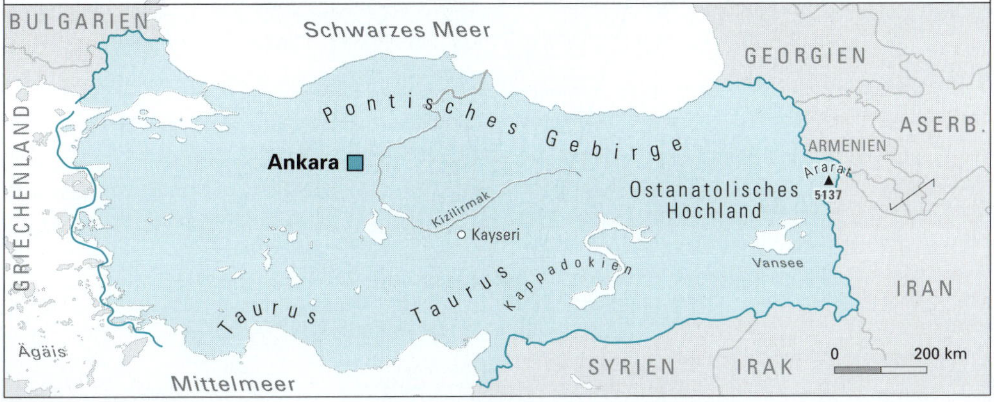

III.1.7 ISRAEL

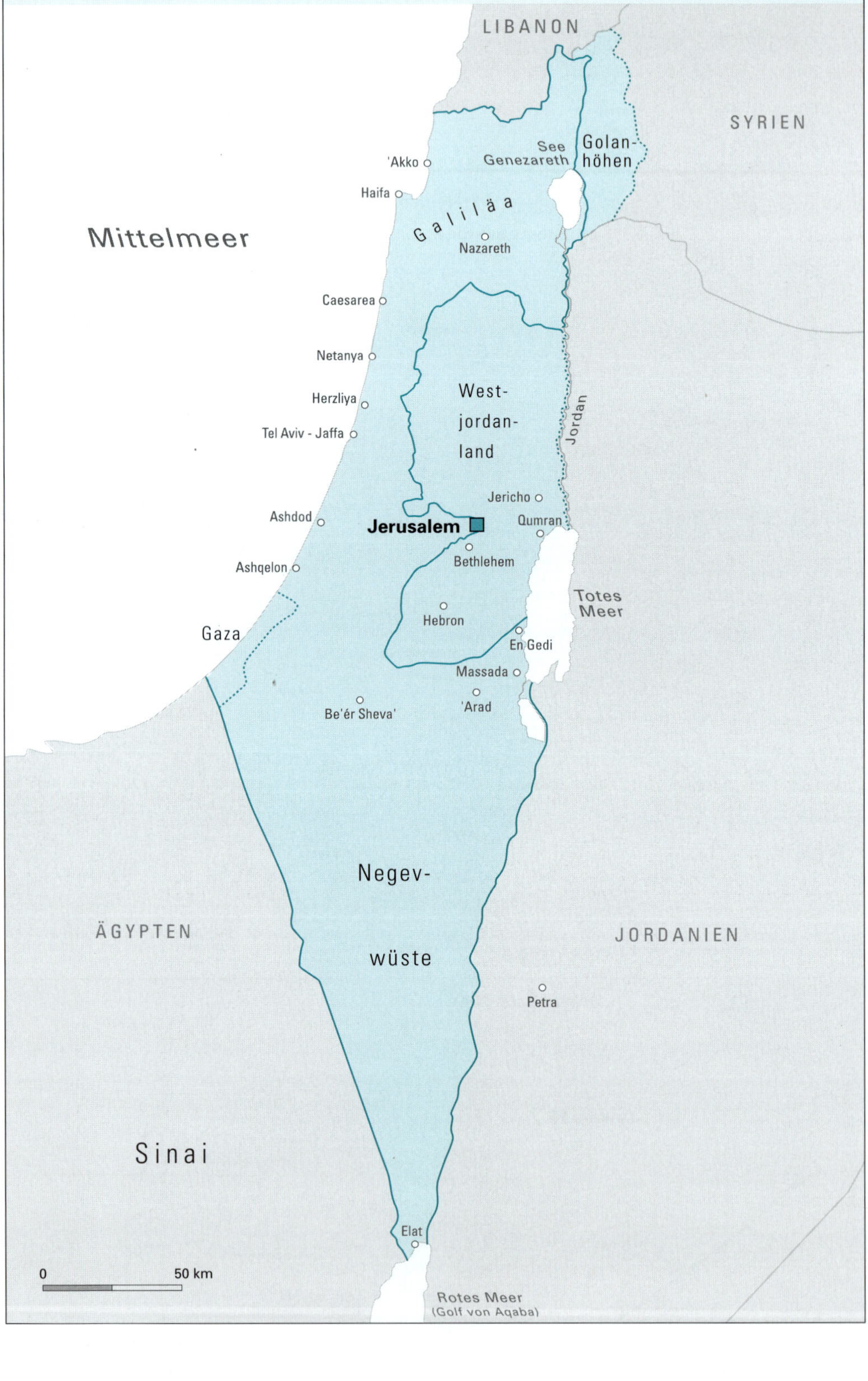

III.1.8 ÄGYPTEN

III.2 Deutschland – politisch

III.2 Deutschland – Naturräume

III.2.2 + 2.3 NORDSEEKÜSTE UND OSTSEEKÜSTE SCHLESWIG-HOLSTEINS

III.2.3 OSTSEEKÜSTE MECKLENBURG-VORPOMMERNS

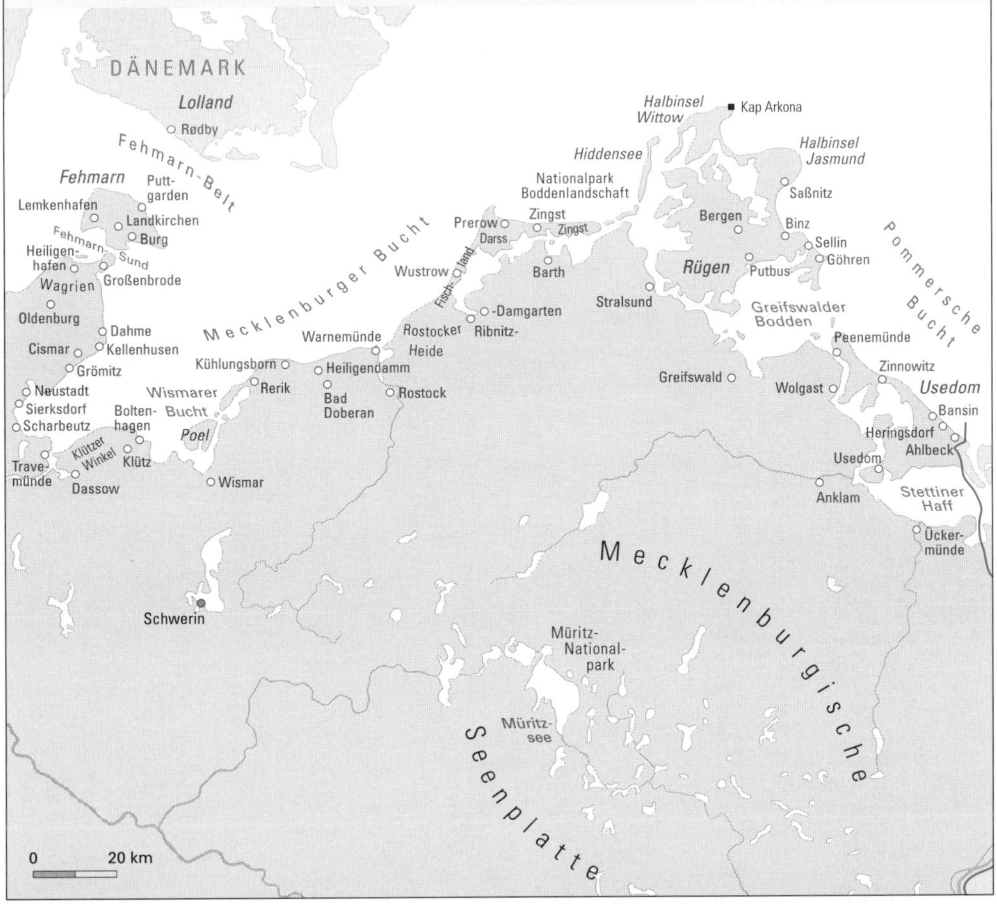

III.2.6 HARZ

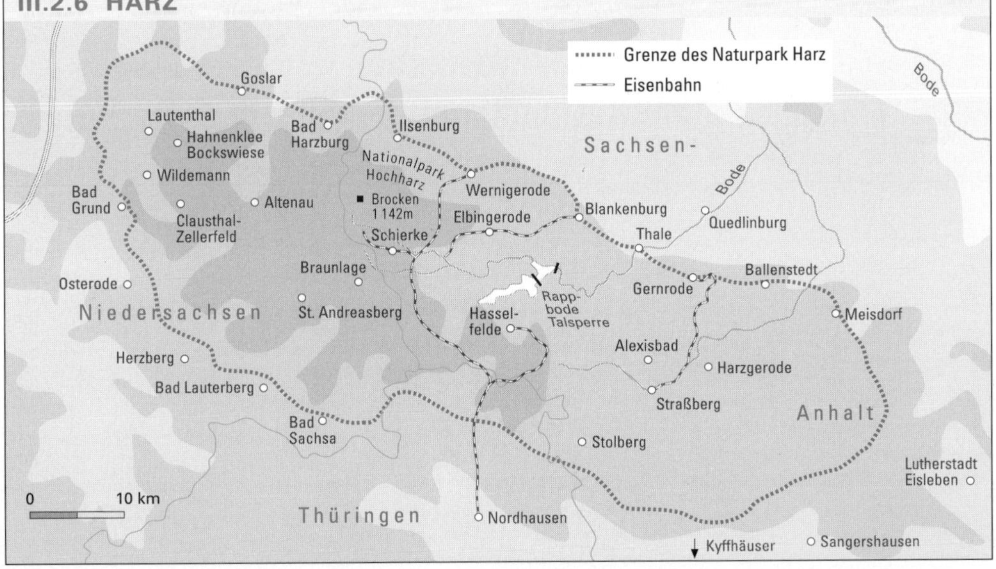

III.2.7+2.9 SCHWARZWALD UND BODENSEE

III.2.9 ALPENVORLAND UND ALPEN

III.3.1 ALPENRAUM

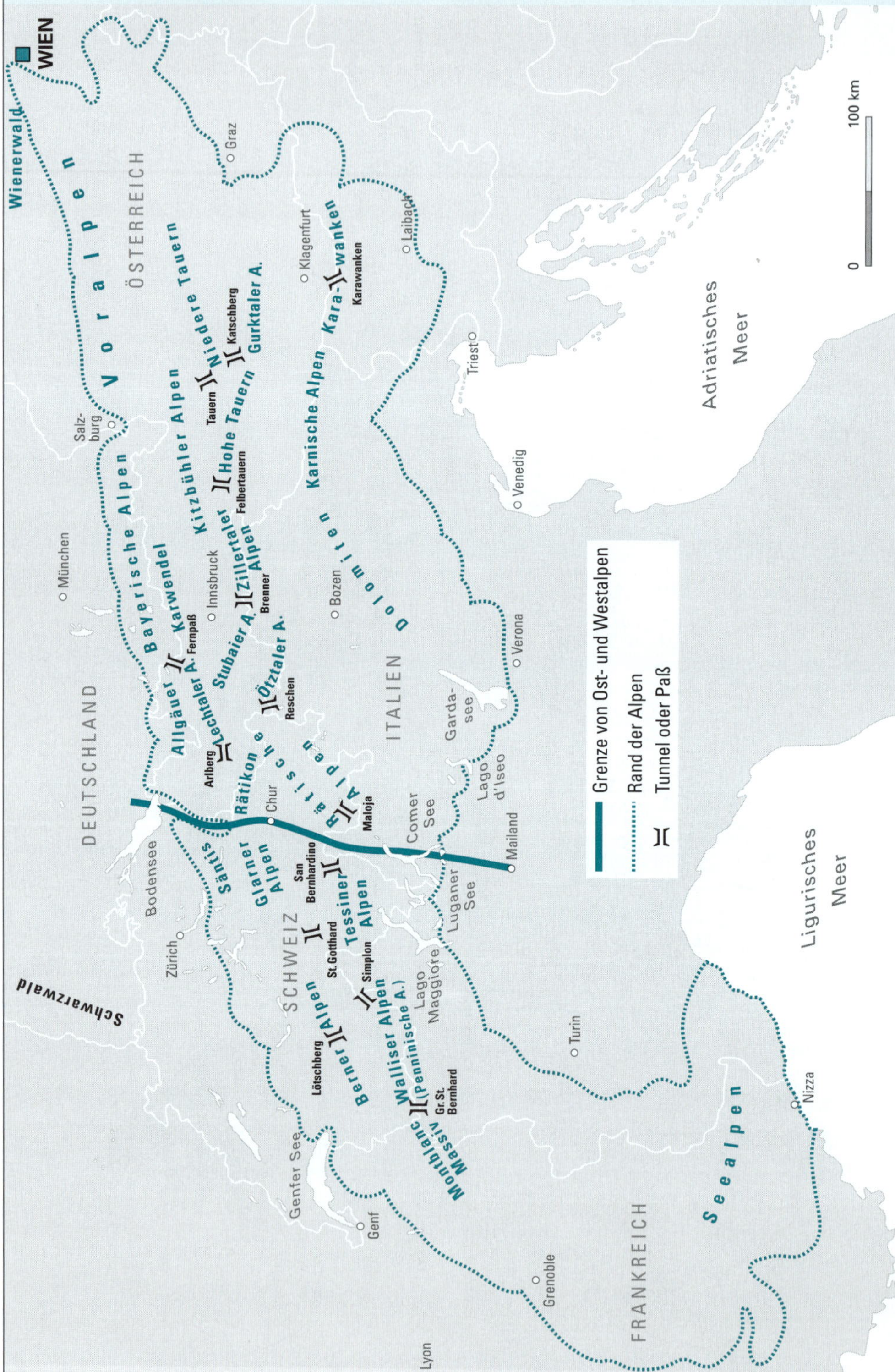

III.3.2 SCHWEIZ

III.3.3 ÖSTERREICH

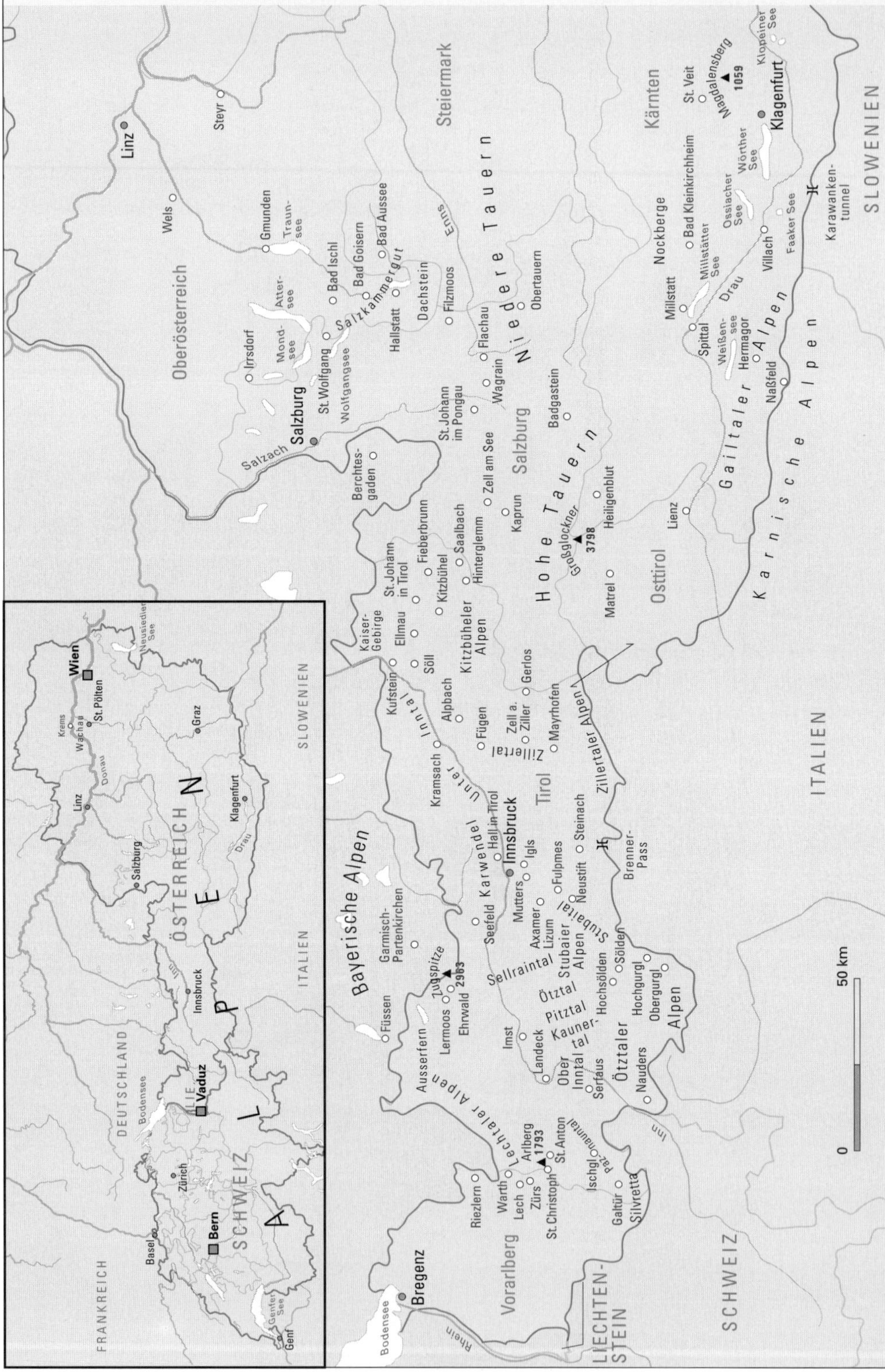

III.3.4 SKANDINAVIEN / DÄNEMARK

III.4.1 – 4.3 NORD- UND MITTELAMERIKA

III.4.2.2 FLORIDA

III.4.2.3 KALIFORNIEN UND DER WESTEN

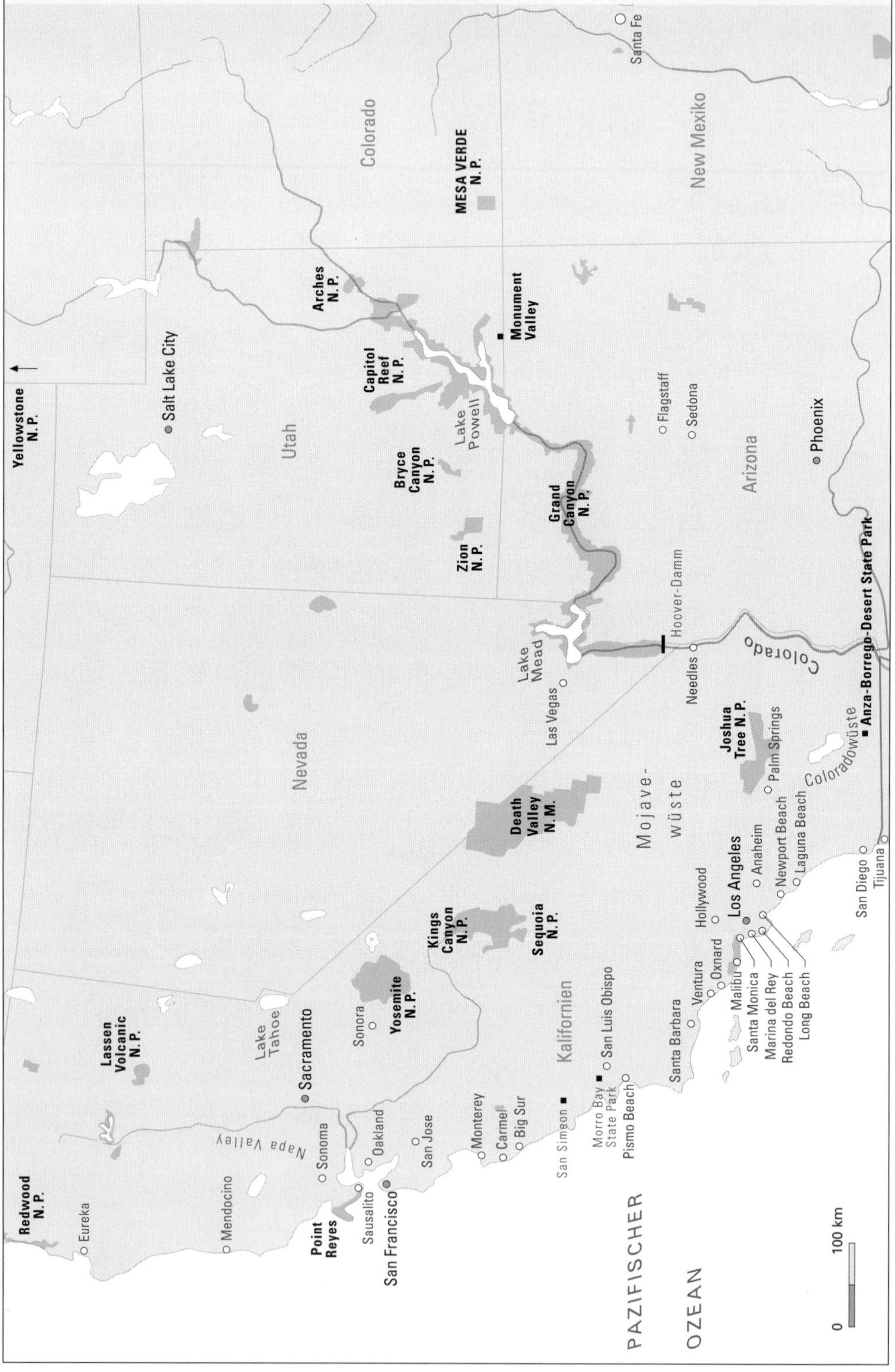

III.4.3.1 YUCATAN

III.4.4 KARIBIK

III.4.5 BRASILIEN

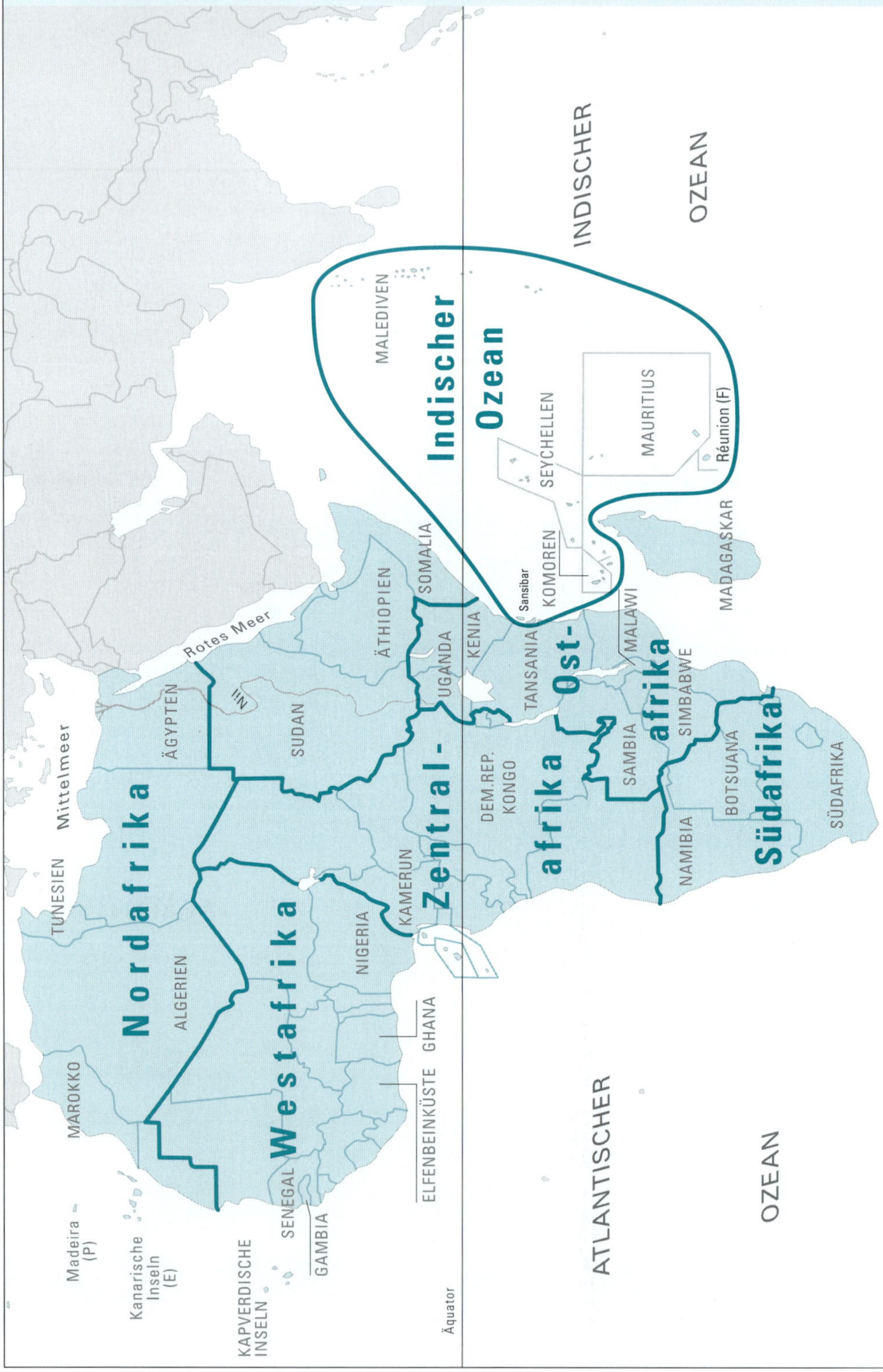
Nordafrika
Westafrika
Zentral-afrika
Ost-afrika
Südafrika
Indischer Ozean
TUNESIEN
ALGERIEN
MAROKKO
ÄGYPTEN
SUDAN
ÄTHIOPIEN
SOMALIA
KENIA
UGANDA
TANSANIA
Sansibar
KOMOREN
SEYCHELLEN
MALEDIVEN
MAURITIUS
Réunion (F)
MADAGASKAR
MALAWI
SAMBIA
SIMBABWE
BOTSUANA
NAMIBIA
SÜDAFRIKA
DEM.REP. KONGO
KAMERUN
NIGERIA
GHANA
ELFENBEINKÜSTE
SENEGAL
GAMBIA
KAPVERDISCHE INSELN
Kanarische Inseln (E)
Madeira (P)
Mittelmeer
Rotes Meer
Nil
Äquator
ATLANTISCHER OZEAN
INDISCHER OZEAN

III.5.1 KENIA

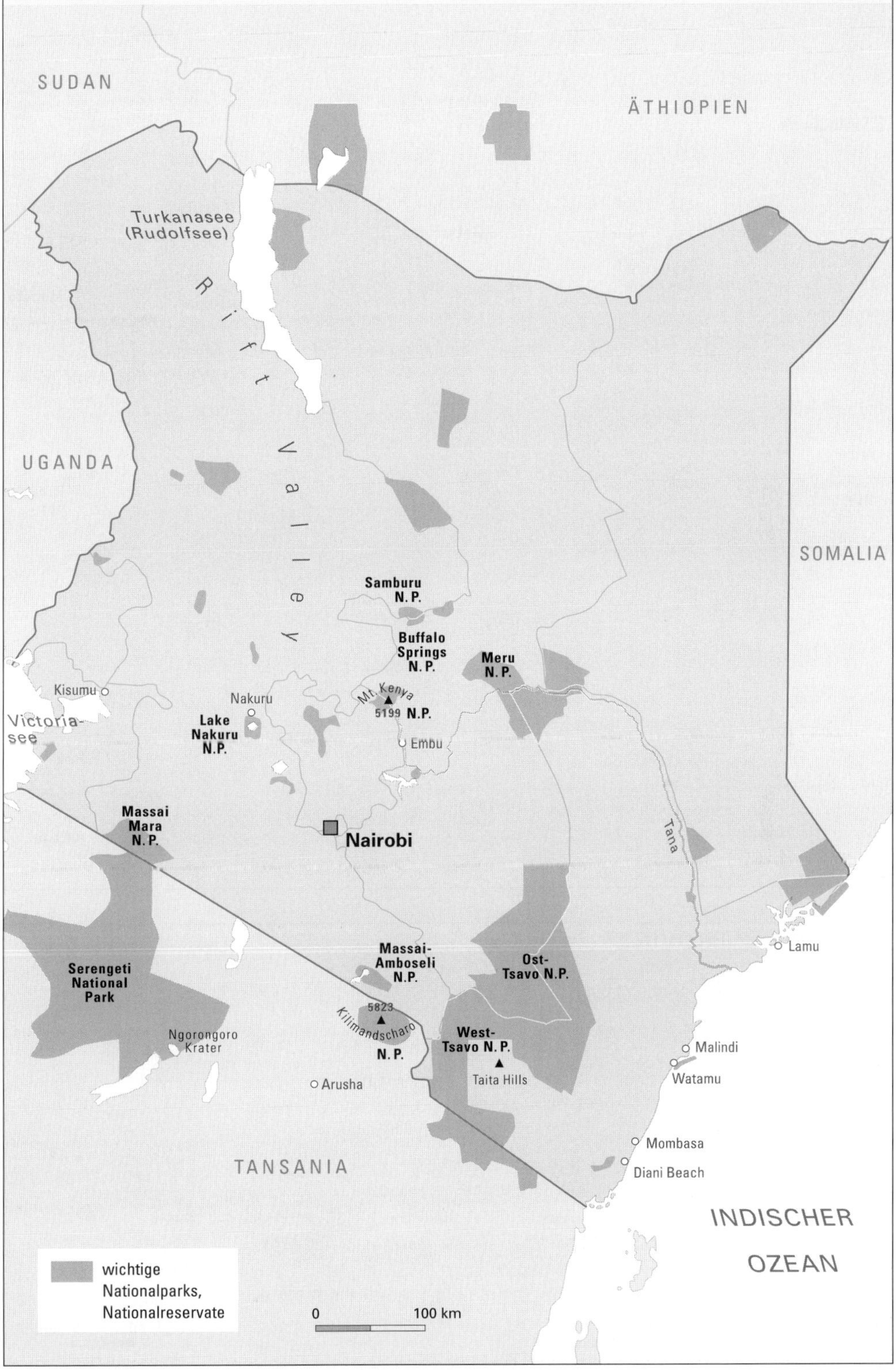
SUDAN
ÄTHIOPIEN
Turkanasee
(Rudolfsee)
Rift Valley
UGANDA
SOMALIA
Samburu N. P.
Buffalo Springs N. P.
Meru N. P.
Mt. Kenya 5199 N.P.
Kisumu
Nakuru
Victoriasee
Lake Nakuru N.P.
Embu
Massai Mara N. P.
Nairobi
Tana
Lamu
Massai-Amboseli N.P.
Ost-Tsavo N.P.
Serengeti National Park
5823 Kilimandscharo N. P.
West-Tsavo N. P.
Ngorongoro Krater
Taita Hills
Malindi
Watamu
Arusha
Mombasa
TANSANIA
Diani Beach
INDISCHER OZEAN
wichtige Nationalparks, Nationalreservate
0
100 km

III.5.2 SÜDAFRIKA

III.5.2.1 KAP-PROVINZ

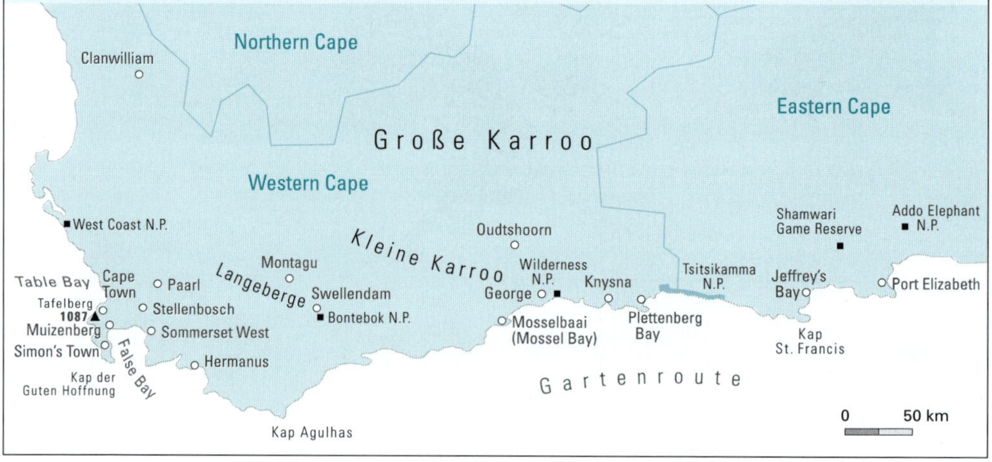

PAZIFISCHER
OZEAN
RUSSISCHE FÖDERATION
Ostasien
Südostasien
Südasien
(Indischer Subkontinent)
Sri Lanka
Malediven
INDISCHER OZEAN
Vorderasien
Mittel-
meer-
region
Äquator

III.6.1 MALEDIVEN

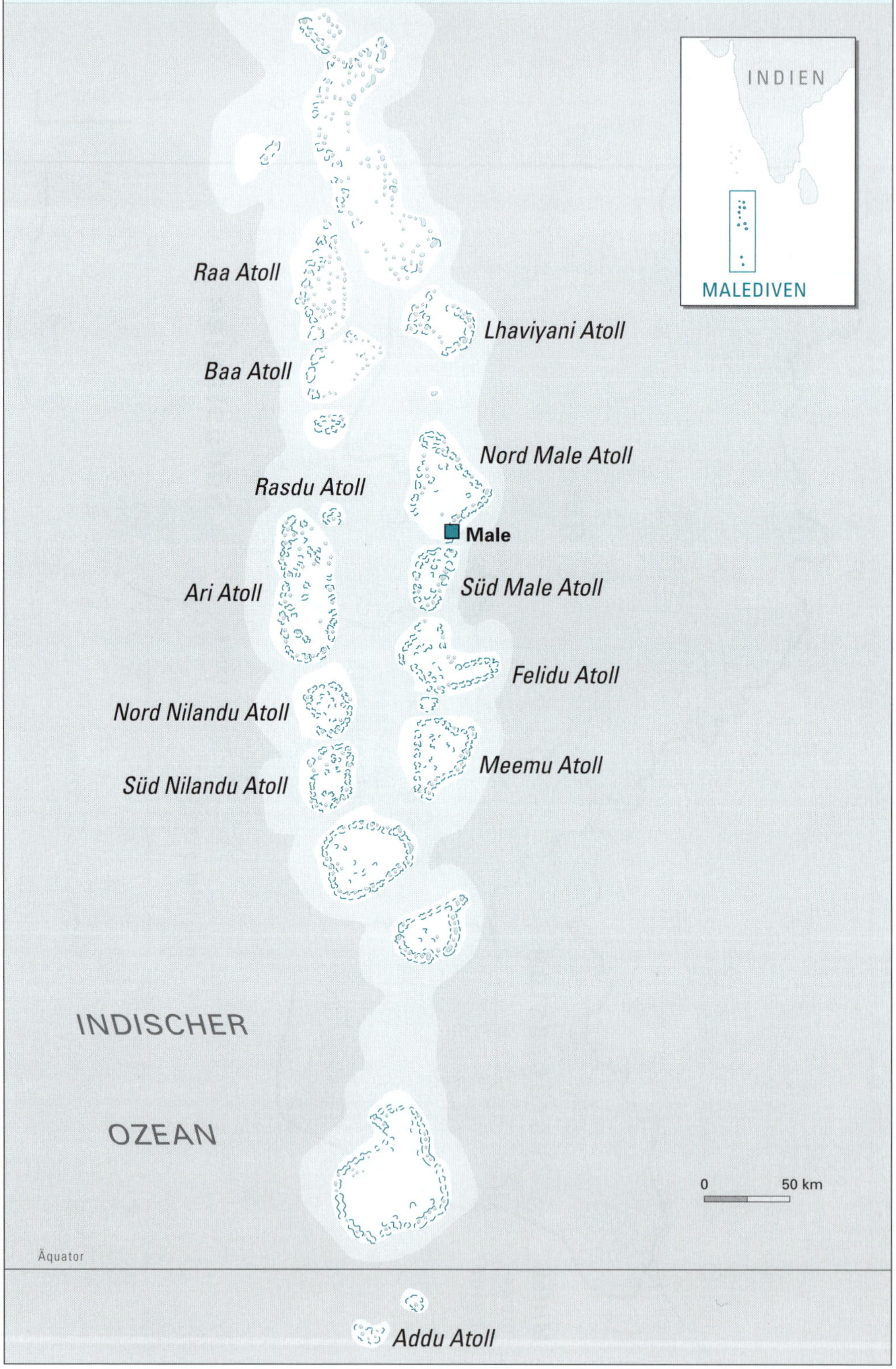

III.6.2 – 6.4 SÜDOSTASIEN

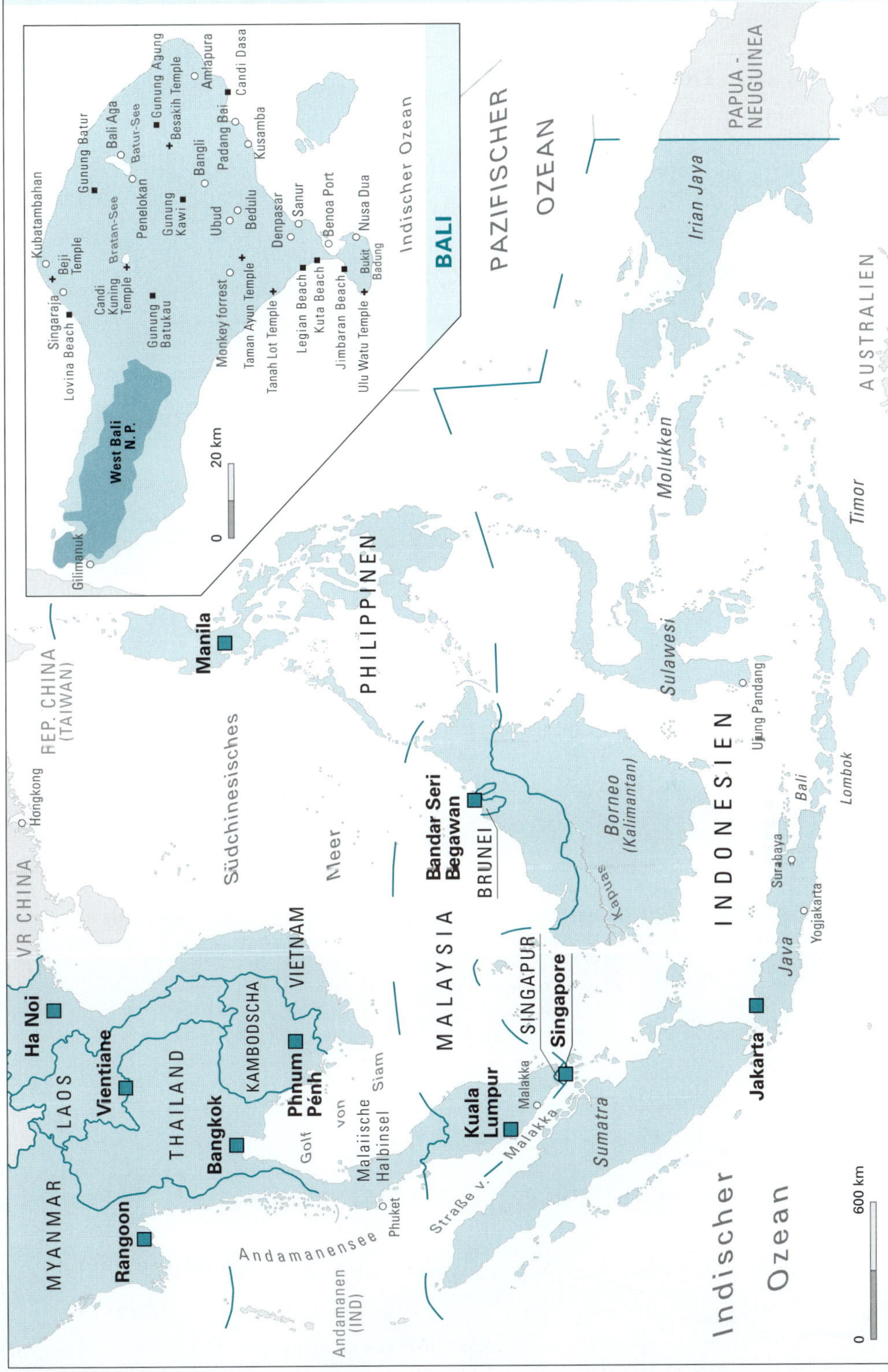

III.6.2 THAILAND

III.7 AUSTRALIEN

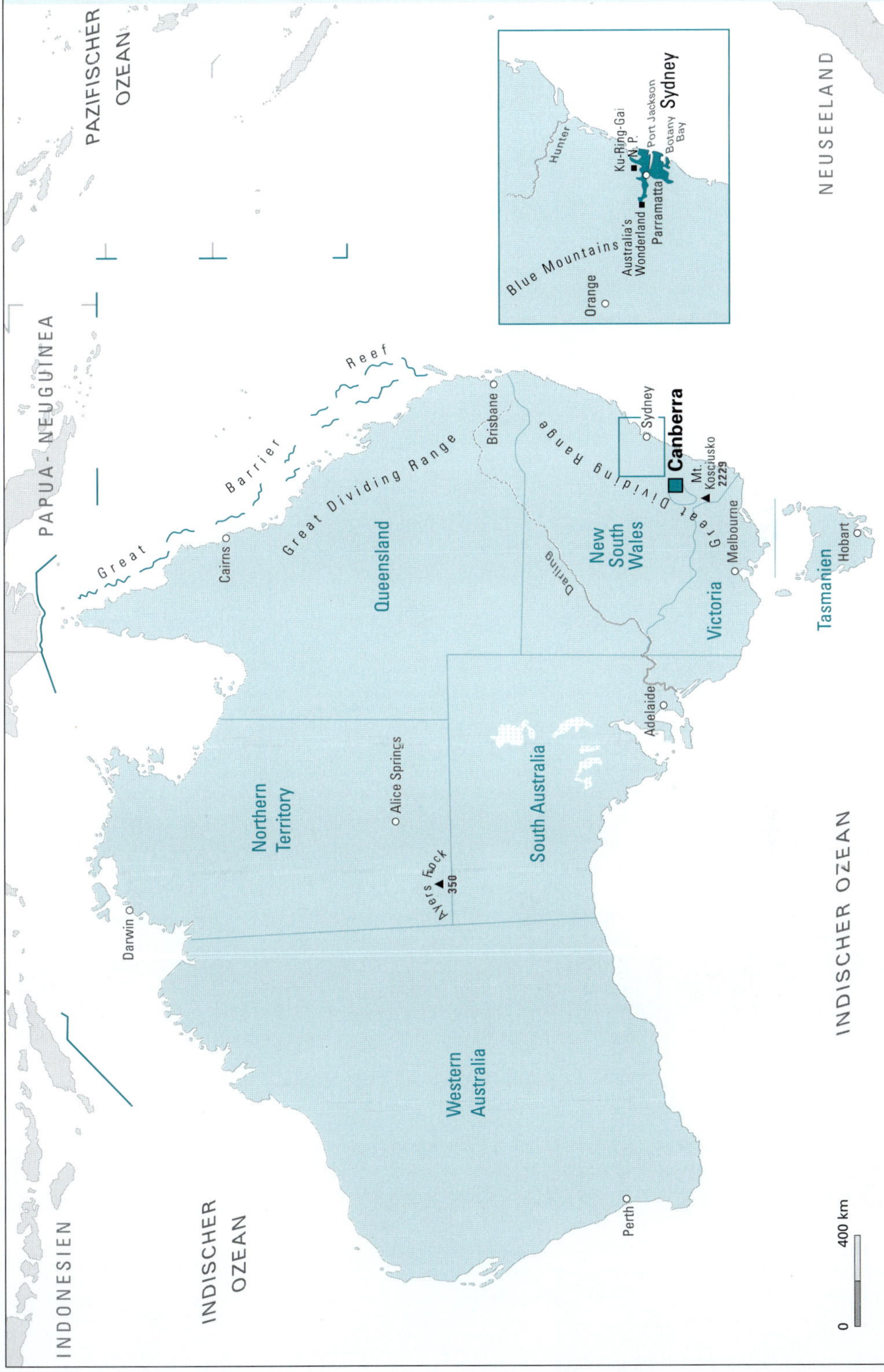